Straubing – Kleine Stadtgeschichte

Dorit-Maria Krenn

Straubing

Kleine Stadtgeschichte

VERLAG FRIEDRICH PUSTET
REGENSBURG

Für die Mitarbeiter
des Stadtarchivs Straubing

BIBLIOGRAFISCHE INFORMATION DER DEUTSCHEN NATIONALBIBLIOTHEK
Die Deutsche Nationalbibliothek verzeichnet diese Publikation in der Deutschen Nationalbibliografie; detaillierte bibliografische Angaben sind im Internet über http://dnb.dnb.de abrufbar.

2., überarbeitete und aktualisierte Auflage 2019
ISBN 978-3-7917-3073-8

Reihen-/Umschlaggestaltung und Layout: Martin Veicht, Regensburg
Satz: Vollnhals Fotosatz, Neustadt a. d. Donau
Druck: Cl. Attenkofer'sche Buch- und Kunstdruckerei, Straubing
Printed in Germany 2019

Diese Publikation ist auch als eBook erhältlich:
eISBN 978-3-7917-6148-0 (epub)

Weitere Publikationen aus unserem Programm
finden Sie auf www.verlag-pustet.de
Kontakt und Bestellungen unter verlag@pustet.de

Inhalt

Vorwort

Viel *Mühe und Arbeith, Sitzen und Schwitzen, Laufen und Schnaufen* mussten die Franziskaner Anfang des 18. Jahrhunderts aufwenden, um in Straubing ein Kloster gründen zu können. Ähnlich erging es der Autorin bei der Zusammenfassung von 8000 Jahren Straubinger Geschichte auf 176 Seiten. Was gehört zu einer »kleinen« Straubinger Stadtgeschichte, noch dazu, wenn eine »große« und viele Detailforschungen immer noch fehlen? Eine Gratwanderung begann, um Daten und Fakten, chronologische Abfolge und historische Zusammenhänge, »Geschichten« und Atmosphäre einzufangen. Die letzten beiden Publikationen einer zusammenfassenden Stadtgeschichte waren ein auf das Wesentliche konzentrierter, didaktisch vorzüglicher Überblick (Werner Schäfer, Guido Scharrer und Hermann Stickroth, Sorviodurum Strupinga Straubing, Straubing 1985) und eine eindrucksvolle geistesgeschichtliche Durchdringung (Hubert Freilinger, Straubing. Über den geschichtlichen Rang einer jungen alten Stadt, Stuttgart 1991). Der vorliegende Versuch ist geprägt von der Erfahrung einer Stadtarchivarin: Was interessiert die Menschen an ihrer, an einer Stadt? Nach welchen Themen, Zeitabschnitten, Personen fragt man besonders oft? Wo sind die Spuren der Vergangenheit heute noch sichtbar, auch im »Kleinen«? Wissen über das Vergangene ist ohne Quellen nicht möglich. Damit sind die archäologischen Funde und die steinernen Baudenkmäler genauso gemeint wie die Urkunden, Amtsbücher, Akten oder Fotos in den Archiven. Quellen bauen die »Brücke, die Vergangenheit und Gegenwart verbindet und aus deren Erfahrbarkeit das Fundament der Zukunft gelegt wird« (Gerd Biegel). Die Sprache der Quellen durch die Zeiten lebendig werden zu lassen ist daher ein besonderes Anliegen dieser Stadtgeschichte. In der Hoffnung, damit auch den Menschen, die Straubing geprägt haben, näher zu kommen.

Die Wittelsbacher Herzöge bezeichnen Straubing als die *haubtstat in vnnserm Niderlannde*, auf den Einbänden der frühneuzeitlichen Ratsprotokolle hebt der Stadtschreiber die *Churfürstl. Haupt- und Regierungs-Stadt* hervor, ein Bürgermeister spricht Mitte des 19. Jahrhunderts von der *Bauern- und Marktbudenstadt*. 1912 gibt der Stadtmagistrat Werbemarken unter dem Motto *Historische Stadt in Niederbayern* heraus, in den 1930er-Jahren betont man die *Gäubodenstadt* und in den 1950er-Jahren stempelt die städtische Poststelle jedes Kuvert mit *Agnes-Bernauer-Stadt* ab, während dreißig Jahre später der offizielle Slogan *Einkaufsstadt* lautet. Und im 21. Jahrhundert wird *Stadt der Nachwachsenden Rohstoffe* favorisiert und der Titel *Universitätsstadt* auf die Ortsschilder gesetzt.

Allein in diesen Zitaten klingen die Facetten Straubinger Geschichte an. Straubing aber ist noch etwas ganz anderes. Eine Frau, die es 1945 auf der Flucht von Ostpreußen nach Niederbayern verschlagen hatte, erzählte einmal: *Der Zug hielt, wir mussten aussteigen, es hieß, wir sollten schauen, dass wir hier für einige Zeit unterkommen könnten. Wir gingen vom Bahnhof Richtung Stadtplatz. Als ich den Stadtturm sah, wusste ich: Du bist angekommen, hier bleibst du.* Der Stadtturm ist für diese Frau bis heute geliebtes Symbol ihres neuen Daheims, so wie die gebürtigen Straubinger schon als Kleinkinder bei der Rückkehr vom Urlaub gespannt Ausschau halten: *Wer sieht als erster den Stadtturm?*

Straubing ist nicht nur eine geschichtsträchtige, schöne Stadt, Straubing ist Heimat – eine Heimat, die gerade in ihrem historischen So- und Dasein immer wieder empfängt und umfängt. Heimatbewusstsein aber setzt die Kenntnis historischer Abläufe und Zusammenhänge voraus und fordert verantwortungsvolles Handeln in der Zukunft ein, getreu der Überzeugung des Geschichtsphilosophen Jacob Burckhardt, *denn was einst Jubel und Jammer war, muss nun Erkenntnis werden*. Die vorliegende kleine Stadtgeschichte will die wichtigsten Leitlinien der Straubinger Vergangenheit vorstellen, setzt dabei im Detail durchaus subjektive Akzente – weil Straubing die Heimat der Autorin ist.

Siedlungsplatz im Gäuboden: Straubings Vor- und Frühgeschichte

Eine Vielzahl archäologischer Spuren

Straubing und seine Umgebung sind reich an archäologischen Spuren und Erkenntnissen über das Leben der Menschen im Zeitalter der Vor- und Frühgeschichte. Bereits vor mehr als 50.000 Jahren, im mittleren Abschnitt der Altsteinzeit, streiften Menschen durch den Straubinger Raum. Sie jagten Mammute und Wollnashörner, Riesenhirsche und Höhlenbären, Rentiere und Eisfüchse, sammelten Beeren und Früchte. Derartige Jägergruppen lagerten nachweislich bei Münster, Straubing-Sand und Salching. Mit dem Ende der Eiszeit vor etwa 10.000 Jahren wandelte sich die tundraartige Vegetation zu einem Eichenmischwald. Aus Feuerstein gefertigte Pfeil- oder Harpunenspitzen zeugen von den Menschen, die in dieser mittleren Steinzeit lebten.

Eine grundlegende Änderung der Lebensweise setzte 5600 v. Chr. in der Jungsteinzeit ein: Der Mensch wurde sesshaft, errichtete Häuser und Dörfer, rodete und bestellte Felder mit Emmer, Einkorn und Gerste, züchtete Rinder, Schweine, Schafe und Ziegen, webte Stoffe und brannte Tongefäße und übte damit Fertigkeiten aus, die sich aus dem Vorderen Orient über den Balkan nach Mitteleuropa verbreitet hatten. Das Gebiet um Straubing wurde nun dicht besiedelt, bot es doch reichlich Nahrung, natürlichen Schutz, gute klimatische Bedingungen: Es war die Kernlandschaft des »Gäubodens« mit seinem fruchtbaren Lössboden; Bäche wie der Harthauserbach, der Allachbach und die Aitrach durchflossen das Gebiet, das terrassenförmig zu den wildreichen Auenlandschaften in der Donauniederung abfiel. Die Donau diente als europäische Wasserstraße, als wichtige west-östliche Verbindung, die gerade bei Straubing auf den Landweg von Süd nach Nord traf; dieser führte aus den Alpen über das niederbayerische Hügelland in

Der Gäuboden bei Antenring in der Nähe Straubings.

den Gäuboden, weiter über das Kinsachtal und die Chamer Senke hinein in den Bayerischen Wald und nach Böhmen. Diese von der Natur begünstigte Lage zeichnete Straubing von jeher aus, beeinflusste und prägte seine Geschichte, förderte seine Entwicklung.

Die ersten Bauern im Gäuboden gehörten zur Kultur der Linienbandkeramik, die nach den bandförmig eingeritzten und eingestochenen Verzierungen auf ihren Tongefäßen benannt ist. Ein typisches Dorf der Linienbandkeramiker befand sich in Straubing-Lerchenhaid, in der Nähe des Donauhochufers. Im nahe gelegenen Tiergarten Straubing kann der Nachbau eines ihrer Langhäuser mit lehmverputzten Flechtwerkwänden und strohbedecktem Dach besichtigt werden. In Ödmühle östlich von Straubing, am Ufer der Aitrach, stießen Archäologen auf den bisher größten bekannten Friedhof der Linienbandkeramik. Die zahlreichen Grabbeigaben, Gefäße

DER FRUCHTBARE GÄUBODEN

Der Gäuboden ist ein flaches Becken, das sich – etwa 15 Kilometer breit und 80 Kilometer lang – entlang der Donau von der Gegend bei Pfatter bis zur Ortschaft Künzing erstreckt. Im Norden wird es erkennbar begrenzt von den Erhebungen des Bayerischen Waldes, im Süden geht es kaum merklich in das niederbayerische Hügelland über. Der Gäuboden zeichnet sich durch seinen fruchtbaren Lössboden aus.

Vor Jahrmillionen war hier am Rande des Donaurandbruchs, einer Bruchlinie, die sich an der südlichen Grenze des Bayerischen Waldes (einst ein Hochgebirge) aufgetan hatte, ein Meer. Als sich die Alpen emporfalteten und das Meer sich zurückzog, bildeten sich, aufgeschottert durch die Donau und die Isar, mächtige Terrassen aus Kies und Sand. Im Eiszeitalter, das etwa vor 2,5 Millionen Jahren mit einer weltweiten Klimaverschlechterung einsetzte, wehten Stürme immer wieder kalkhaltigen Staub aus den Flusstälern auf diese Terrassen, bis sie schließlich mit bis zu sechs Meter mächtigen Lössdecken überzogen waren.

Der Begriff »Gäu«/»Gai«, der aus dem Gotischen in das Althochdeutsche übernommen wurde, bezeichnet allgemein das Land, das im Gegensatz zur Stadt oder zu den Bergen steht. So fährt der Bewohner des Bayerischen Waldes, der »Waldler«, *ins Gäu aussi*, wenn er in das flache Land aufbricht. Belegt ist das Begriffspaar Wald/Gäu für die Straubinger Gegend beispielsweise in den Landtagsverhandlungen des Herzogtums Bayern-Landshut aus der zweiten Hälfte des 15. Jahrhunderts, wie der berühmte Sprachforscher Andreas Schmeller in seinem »Bayerischen Wörterbuch« angibt: *enhalb und herdihalb Donau im Wald und im Geu*. Für die *getreidereiche Ebene bey Straubing an der Donau* ist nach Schmeller aber noch ein spezieller Name überliefert: *Duengäuboden* (verkürzt Dungau oder Gäuboden), was mit »Dunkelboden«, also der dunklen Farbe der Erde, zu erklären ist. Jahrhundertelang als »Kornkammer Bayerns« gepriesen, trat im 20. Jahrhundert neben den Getreideanbau die großflächige Bestellung mit Zuckerrüben und Kartoffeln. Und das 21. Jahrhundert brachte als neue Variante der Ackernutzung die Solarparks.

Frauengrab mit reichem Muschelschmuck und Steckkamm aus der Zeit der Linienbandkeramik, gefunden bei Ödmühle/Aiterhofen.

mit Speisen, Waffen, Steingeräte, erzählen vom Glauben an ein eher irdisches Dasein nach dem Todesschlaf, Schmuck- und Trachtbestandteile aus den im Mittelmeer beheimateten Spondylusmuscheln deuten auf weit reichende Handelsbeziehungen hin.

In der Folgezeit entwickelten sich in Südostbayern eigenständige Regionalkulturen. Im Süden Alburgs ist beispielsweise eine Wohnstelle der Altheimer Gruppe (um 3800 v. Chr.), für die Henkelkrüge und Feuersteinsicheln charakteristisch sind, und bei Oberau ein Platz der Chamer Kultur (um 3300 v. Chr.) mit ihren typischen Knickwandgefäßen und ritzverzierten Spinnwirteln anzunehmen. Wieder in ganz Mitteleuropa nördlich der Alpen verbreitet war hingegen die sogenannte Schnurkeramik: Tongefäße, in die mit Hilfe einer Schnur Muster eingedrückt wurden, lassen sich ab 2800 v. Chr. auch im hiesigen Donauraum nachweisen. Eine kleine schnurkeramische Gruppe wohnte in Lerchenhaid. Dass die Terrassenkanten der Bach- und Flussläufe im Gäuboden weiterhin ein beliebter Siedlungsplatz waren, beweisen Fundstücke der Glockenbecherkultur aus der Zeit von 2500 bis 2000 v. Chr.; glockenförmige Tonprodukte gaben der Zeit ihren Namen. Mit knapp 30 Fundstellen von Begräbnisstätten bildet der Straubinger Raum einen Schwerpunkt der Glockenbecherfunde in Süddeutschland. Und die Grabbeigaben erzählen noch von einer anderen Veränderung: Nicht mehr mit Streitäxten wie bei den Schnurkeramikern, sondern mit Pfeil und Bogen wurde nun gejagt, angegriffen und verteidigt.

Die folgenden tausend Jahre prägte das Aufkommen der Metallwirtschaft: Die Stein- und Knochengeräte wurden allmählich von bronzenen Guss- und Schmiedeprodukten – Bronze ist eine Legierung aus Kupfer und Zinn – abgelöst. Zahlreiche Funde aus Hockergräbern der frühen Bronzezeit im Süden Straubings wie Ösenhalsringe, Armspiralen, Scheibenkopfnadeln und Dolche führten zum Namen »Straubinger Kultur« für die Erscheinungsform der frühen Bronzezeit im ganzen südostbayerischen Gebiet. Erwerbsgrundlage blieb nach wie vor die Landwirtschaft. Man lebte in kleinen, nahe beieinander liegenden Gehöftgruppen, unter anderem in Lerchenhaid, am Ziehbrückenbach, an der Aitrach und am Allachbach.

Bereits in der mittleren Bronzezeit gingen die Menschen dazu über, ihre Toten zu verbrennen, was als Indiz für eine ideellere Jenseitsauffassung gilt, und die Asche in Kammern von Hügelgräbern auszustreuen. Ab 1200 v. Chr. ist ein weiterer Wandel in der Bestattungsform erkennbar: Die Asche der Toten wurde nun in Urnen beigesetzt. Etwa 25 urnenfelderzeitliche Friedhöfe sind bisher in Straubing und seiner näheren Umgebung entdeckt worden. Spuren der relativ kleinen, rechteckigen Häuser dieser Zeit fanden sich zum Beispiel im Westen Straubings, in der sogenannten Kreuzbreite. Das 8. Jahrhundert v. Chr. brachte als neuen Werkstoff das Eisen. Auch in der »Eisenzeit« war die Straubinger Gegend dicht besiedelt. Mit Geschirr, Schmuck und Waffen reich ausgestattete Hügelgräber sowie große »Herrenhöfe«, zum Beispiel in Alburg, Öberau und Aiterhofen, lassen hierbei eine deutliche soziale Differenzierung der Bevölkerung erkennen.

Kelten im Straubinger Raum

Es sind nach wie vor besonders die Bestattungsformen und die Grabbeigaben, die vom Eintritt einer neuen Zeit und Kultur künden. Ab dem 5. Jahrhundert v. Chr. gingen die Hügelgräber in Flachgräber über. Die Frauen schmückten sich an den Füßen nicht mehr mit massiven, gerippten Schaukelringen, sondern mit schweren Hohlbuckelringen; zu den bronzenen gesellten sich gläserne Armringe, und bunte Glasperlen, sogenannte Augenperlen, schützten wohl vor dem bösen Blick. Was aber die Menschen dieser Latènezeit, benannt nach einem Fundort in der Westschweiz, besonders auszeichnet: Zum ersten Mal ist für sie ein Name überliefert, denn griechische und römische Quellen sprechen von den »Kelten«. Sie lebten von der Landwirtschaft, der Metallverarbeitung und der Keramikproduktion, handelten mit Salz, Bernstein, Elfenbein und Glas. Großflächige frühkeltische Orte entdeckten die Archäologen im Süden Straubings am Aster Weg und an der Gottfried-Keller-Straße sowie im Westen bei der Bajuwarenstraße.

In der mittleren Latènezeit zogen keltische Stämme nach Italien, Griechenland und bis nach Kleinasien in der heutigen Türkei, dementsprechend ging im süddeutschen Raum die Bevölkerung zurück. Im 2. Jahrhundert v. Chr., nach der keltischen Wanderung, als die Leute teilweise wieder in ihre alte Heimat zurückkehrten, begannen sie stark befestigte, stadtähnliche Siedlungen anzulegen, die Oppida; das größte Oppidum im bayerischen Raum ist bei Manching entdeckt worden. Eine vielfältige Handwerkskultur bildete sich aus, man töpferte und schmiedete, schmolz Glas und prägte nach römischem und griechischem Vorbild Münzen, die den Tauschhandel rasch verdrängten; auch aus dem Straubinger Raum sind diese goldenen »Regenbogenschüsselchen« bekannt. Ein Oppidum ist für Straubing bisher archäologisch noch nicht sicher nachweisbar. Aber im Osten Straubings, auf dem »Ostenfeld«, finden sich zahlreiche Spuren einer ausgedehnten Siedlung der späten Latènezeit, die auch über eine Anlegestelle oder einen Hafen am Allachbach verfügte und wohl Wirtschaftszentrum sowie Sitz des Adels und der einflussreichen keltischen Priesterschaft

Verzierte Hohlbuckelfußringe aus einer mittellatènezeitlichen Bestattung, gefunden an der Bajuwarenstraße.

war. Zudem ist der Name, den die Römer ihrem Straubinger Stützpunkt gaben, *Sorviodurum*, keltischen Ursprungs und verweist auf eine nicht unbedeutende Vorgängersiedlung. Er ist in der sogenannten Peutingertafel, einer römischen Reisekarte, überliefert und kann als »Ort an einer morastigen Enge« oder »Ort an einer sumpfigen Einmündung« (des Allachbaches in die Donauniederung) gedeutet werden.

Zu den Kelten gesellten sich zunehmend auch germanische Siedler. In der Mitte des ersten Jahrhunderts v. Chr. lebten Kelten und Germanen in der Straubinger Gegend offenbar friedlich zusammen. Dann wanderten sie allmählich ab, vielleicht weil durch die Ausdehnung des Römischen Reiches die Handelsbeziehungen nicht mehr so funktionierten. In ganz Süddeutschland kam es zum Niedergang der keltischen Großsiedlungen.

Römisches Sorviodurum: Straubing in der Antike

Ein gewaltiger Umbruch setzte 15 v. Chr. ein: Drusus und Tiberius, die Stiefsöhne des Kaisers Augustus (31 v. Chr.–14 n. Chr.), eroberten das Alpenvorland. Das Gebiet bis zur Donau wurde Teil des Imperium Romanum, des römischen Weltreiches, und Straubing bzw. Sorviodurum zu einem wichtigen militärischen Stützpunkt am »nassen« Limes. Denn zur Sicherung ihrer neuen Provinz Rätien gründeten die Römer in der zweiten Hälfte des 1. Jahrhunderts n. Chr. entlang der Donau Kastelle: Eining, Regensburg-Kumpfmühl, Straubing, Moos-Burgstall, Künzing und Passau-Altstadt.

Kastelle

In Straubing hatte sich vermutlich bereits ein früher Militärposten auf der kleinen Anhöhe westlich des Allachbaches befunden, einem natürlichen Geländesporn, auf dem heute die Kirche und der Friedhof St. Peter liegen. Einschlägige Keramikfunde gibt es aus der Zeit des Kaisers Claudius (41–54). Unter Kaiser Vespasian (69–79) errichtete man dann östlich davon, an der Einmündung des Allachbaches in ein Altwasser der Donau, ein erstes hölzernes Kastell. Es wurde ergänzt durch einen Kriegshafen der römischen Donauflotte, dessen Reste man in den 1980er-Jahren beim Bau des Klinikums St. Elisabeth entdeckte. In diesem »Westkastell« (Kastell IV), das um die Mitte des 2. Jahrhunderts in Stein ausgebaut wurde, tat die 2. Raeterkohorte, eine 500 Mann starke Infanterieeinheit, Dienst.

Unter Kaiser Domitian (81–96) entstand etwa hundert Meter östlich des Westkastells ein weiteres Lager, das »Ostkastell I«, was auf die strategische Bedeutung Straubings an der osträtischen Donaugrenze hinweist. Es wurde bald durch eine neue Anlage, das »Ostkastell II«, ersetzt.

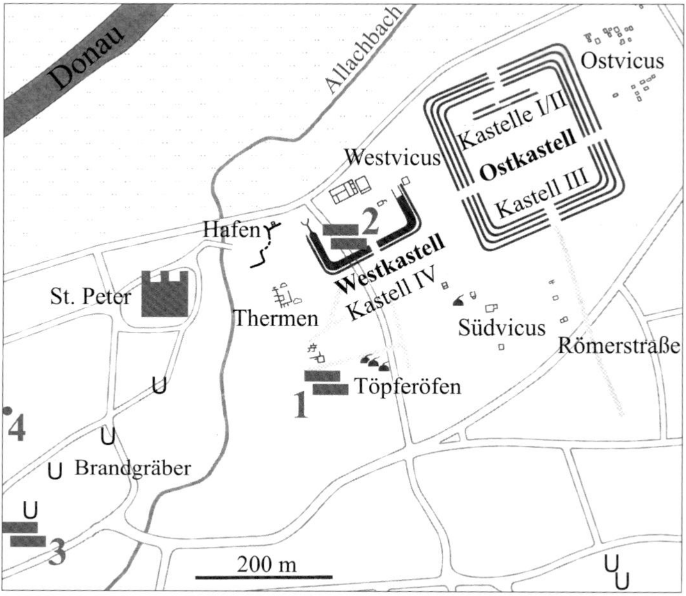

Römisches Straubing mit mittelkaiserzeitlichen und spätantiken Anlagen (im Osten des heutigen Straubings): Die Ziffern 1 bis 4 bezeichnen spätantike Gräberfelder.

Unter Kaiser Trajan (98–117) wurde dieses Militärlager aufgelassen, spätestens unter seinem Nachfolger Kaiser Hadrian (117–138) aber als »Ostkastell III« neu erbaut. Das etwa 3,5 Hektar große Areal ist fast vollständig im Boden ablesbar. Eine mächtige Steinmauer mit vier doppeltürmigen Toren und vier Türmen an den gerundeten Ecken schützte die für ein Kastell charakteristischen Bauten wie das Stabsgebäude mit der Waffenkammer und dem Fahnenheiligtum, das Haus des Kommandanten und die Mannschaftsunterkünfte. Besetzt war es mit der 1. Canathenerkohorte, einer Spezialeinheit von tausend Bogenschützen aus Syrien.

Bis zur Zerstörung des Westkastells während der Markomannenkriege (166–180) lebten, arbeiteten und wachten also 1500 Soldaten in zwei Kastellen hier. Es handelte sich um »Hilfstruppen«, die aus eroberten oder mit den Römern befreundeten Völkern rekrutiert wurden und aus Infanterieabteilungen und Reiterzügen bestanden. Für ihre Ausbildung waren östlich der Kastelle, im Straubinger Ortsteil Hofstetten, sechs Übungslager angelegt.

Lagerdörfer

Entlang der von den Kastellen wegführenden Wege erstreckten sich die unbefestigten »Lagerdörfer«, in denen die Familien der Soldaten, die Händler und Handwerker wohnten. Auch viele Veteranen, ehemalige Angehörige der Hilfstruppen, die mit der Entlassung aus dem Militär das römische Bürgerrecht erworben hatten, hielten sich hier auf. Auf streng parzellierten Flächen lagen die schmalen, lang gestreckten, zumeist hölzernen Anwesen der Handwerker, z. B. der Schreiner und Zimmerleute, der Bronzegießer, der Maurer und Maler, der Kammmacher und Geschirrflicker, der Ärzte und Kaufleute. Ein Töpfer, der im letzten Viertel des 1. Jahrhunderts n. Chr. bei Azlburg einen Betrieb hatte, stempelte auf seine Produkte sogar seinen Namen, Cappo, und hinterließ damit vielleicht das früheste »schriftliche« Zeugnis aus Straubing. Der »Vicus« war kein Dorf, sondern ein zentraler, lebendiger Handels- und Marktort. Hier waren nicht nur einheimische Produkte für das tägliche Leben erhältlich, darunter die Erzeugnisse der von Veteranen bewirtschafteten Gutshöfe, die im fruchtbaren Umland, beispielsweise am Alburger Hochweg, an der Äußeren Passauer Straße und entlang der Aitrach an der Ödmühle und in Ittling lagen. Hier fand der Käufer auch Luxusartikel, vielfältige, importierte Waren wie Glasgefäße aus Augsburg, Bronzelampen aus Oberitalien, Terrakottastatuetten aus Gallien, Olivenöl aus Spanien, Wein aus Südtirol oder Pfeffer aus Indien. Schwarze Pfefferkörner, die man im Hafengelände barg, verweisen zudem auf die Donau als Transportweg. Eine wichtige Gemeinschaftseinrichtung, Kommunikations- und Erholungsort gleichermaßen, war die öffentliche Badeanlage, die Therme, auf die Archäologen im Vicus des Westkastells stießen. Tavernen, Garküchen, Bordelle fehlten sicher nicht, auch wenn es hierfür bisher kaum archäo-

DER WELTBERÜHMTE RÖMERSCHATZ

Eigentlich wollten Arbeiter am 27. Oktober 1950 am Alburger Hochweg im Westen Straubings eine Grube für eine Kläranlage ausheben. In geringer Tiefe stießen sie auf einen umgestülpt im Boden liegenden Kupferkessel. Die Aufregung und das Entdeckungsfieber der Beteiligten lassen sich aufgrund der Aufzeichnungen des bekannten »Scherbendoktors« und Heimatforschers Dr. Joseph Keim auch heute noch miterleben: *In unbezwingbarer Neugierde, was wohl in dem Kessel enthalten sei, schlug man mit der Spitzhacke ein Loch hinein, und als man Bronzegegenstände darin erspähte, holte man eine Blechschere und erweiterte die Öffnung. Dann wurde fast der ganze Inhalt des Kessels herausgezerrt, wobei natürlich viele und zum Teil recht empfindliche Beschädigungen an den Gegenständen angerichtet wurden.*

Aus der Erde geborgen wurden neben zahlreichen Eisengegenständen wie Waffen und Werkzeugen bronzene Gesichtsmasken von hellenistischer und orientalischer Art sowie reich verzierte Beinschienen und Kopfschutzplatten für Pferde. Sie waren Teile römischer Paraderüstungen, die wohl bei Reiterspielen im Straubinger Kastell verwendet wurden – so wie der griechische Schriftsteller Flavius Arrianus 136 n. Chr. in seinem »Reitertraktat« berichtet: *Ich will nunmehr die Reiterübungen beschreiben, welche zum Training der römischen Kavallerie gehören … Die Reiter selbst treten, soweit sie durch ihren Rang hervorragen oder sich durch besondere Reitkunst auszeichnen, mit vergoldeten Helmen aus Eisen oder Bronze an, um schon dadurch die Blicke der Zuschauer auf sich zu lenken. Diese Helme schützen im Gegensatz zu den für den Ernstfall bestimmten nicht nur den Kopf und die Wangen, sondern sind allseitig genau an das Gesicht des Reiters angepasst, mit einer Öffnung für die Augen, die den Blick nicht hindert und diese doch schützt … Die Schilde, die sie tragen, sind nicht die kriegsmäßigen, sondern bunt verzierte von geringerem Gewicht, da es ja bei diesen Übungen vor allem auf Schnelligkeit und Eleganz ankommt …*

Auch zierliche Bronzestatuetten wie der tanzende Lar und der Handelsgott Merkur, wie sie auf römischen Hausaltären standen, gehörten zum Fund. Da die Kostbarkeiten auf dem Gelände einer Villa Rustica, eines römischen Gutshofs, lagen, stammten wohl die Werkzeuge und die Götterstatuetten von hier, während die Rüstungs- und Waffenteile von dem etwa drei Kilometer entfernten Kastell kamen. Vergraben wurden sie in der 2. Hälfte des 3. Jahrhunderts, als die Alamannen wiederholt in die römische Provinz Rätien einfielen. Der Römerschatz ist ein »Plünderungshort«: Vielleicht wollten Alamannen die Beute später holen, vielleicht waren es aber auch römische »Kriegsgewinnstler« (Johannes Prammer).

Der Straubinger Römerschatz gehört bis heute zu den bedeutendsten Zeugnissen römischer Vergangenheit nördlich der Alpen, er gilt sogar als der wichtigste Fund von Paraderüstungsteilen im Gebiet des gesamten Römischen Reiches. Als Leihgabe des Landkreises – er wurde vor der Eingemeindung Alburgs nach Straubing gefunden – bildet er das »Glanzstück« des Gäubodenmuseums Straubing (Fraunhoferstraße 23). Im Osten Straubings auf dem Ausgrabungsgelände des Ostkastells III, zugänglich über die Schlesische Straße, entsteht der »Römerpark Sorviodurum«, der Geschichte vor Ort vermitteln soll.

Gesichtshelme des hellenistischen und orientalischen Typs aus dem Straubinger Römerschatz.

logische Zeugnisse gibt. Nachweisbar ist hingegen neben der Verehrung der bekannten römischen Götter wie Jupiter, Merkur, Fortuna, Venus oder Mars die Praktizierung orientalischer Mysterienkulte; so fanden sich zahlreiche Kultgefäße und Trinkbecher, die in Zusammenhang mit der Gottheit Sabazios stehen. Die Toten wurden südlich und östlich des Siedlungsgebiets in mehreren Gräberfeldern bestattet.

Rückzug der Römer

Im dritten Viertel des 3. Jahrhunderts n. Chr. fielen das Westkastell und auch das Ostkastell III sowie ihre Vici germanischen Angriffen zum Opfer. Am Ende des 3. Jahrhunderts, als die Römer ihre Grenzverteidigung offenbar neu organisierten, erhielt Straubing wieder eine militärische Anlage. Ein kleineres, burgartiges Kastell wurde nun auf dem Kirchhügel von St. Peter errichtet, in dem vermutlich eine Abordnung der in Regensburg stationierten 3. Italischen Legion Dienst tat. Nach einer Zerstörung durch germanische Juthungen um die Mitte des 4. Jahrhunderts wurde das Kastell wieder aufgebaut und war wohl bis zur Mitte des 5. Jahrhunderts besetzt. Dann gab man den Stützpunkt auf, da politische und wirtschaftliche Krisen die römische Herrschaft erschütterten. Das Ende des Römischen Reiches besiegelte schließlich der von den barbarischen Hilfstruppen zum Führer und König gewählte Odoaker, der 476 den letzten weströmischen Kaiser Romulus Augustulus absetzte.

Vom agilolfingischen Herzogsgut zum Besitz des Augsburger Domkapitels: Straubing im frühen Mittelalter

Das Werden des bairischen Stammes

Archäologische Funde belegen, dass das Leben im Donaugebiet, in einem nun herrschaftsfreien Raum, auch nach dem Rückzug des offiziellen Roms und dem Zerfall des Römischen Reiches weiterging. Während im Westen die Franken und die Alamannen, im Norden die Thüringer und im Süden die Ostgoten, die 493 unter Theoderich den Großen Odoaker besiegt und Italien erobert hatten, neue Reiche bildeten, mischten sich hier Provinzialrömer und zugezogene Germanen. Beispielsweise siedelte im Straubinger Raum nördlich und südlich der Donau bereits Mitte des 5. Jahrhunderts eine germanische Bevölkerungsgruppe böhmischer Herkunft, wie Keramikfunde des Typs Friedenhain-Přešťovice beweisen: Flache Schalen mit einer besonderen Musterung, schrägen Riefen, tauchten in Gräberfeldern im böhmischen Přešťovice, in Friedenhain nördlich von Straubing, im Westen Straubings, an der Bajuwarenstraße, aber auch in einem Friedhof der letzten Kastellbesatzung, ausgegraben bei Azlburg, auf. Weitere Funde, auch in einem großen Gräberfeld bei Straßkirchen, verweisen für das ausgehende 5. und 6. Jahrhundert auf eine vielfältige Bevölkerungsstruktur. Die Frauen beispielsweise trugen Bügelfibelpaare nach alamannischer, thüringischer, langobardischer, ostgotischer, fränkischer Art. Seit etwa 600 lässt sich aus den Fundstücken eine Vereinheitlichung, ein »Zusammenwachsen« der Menschen erkennen, besonders an den Strumpfbändern der Frauen und den Gürteln der Männer, die tauschiert, d. h. mit eingehämmerten Silber- und Messingdrähten reich verziert waren. Der Stamm der »Bajuwaren«, schriftlich zum ersten Mal 551 von dem gotischen Geschichtsschreiber Jorda-

Dreiteilige bajuwarische Gürtelgarnitur mit reicher Silbertauschierung, spätes 6. / frühes 7. Jahrhundert, gefunden an der Bajuwarenstraße.

nes erwähnt, wird fassbar – und vielleicht spielte bei der Stammesbildung das Straubinger Gebiet »eine überragende Rolle« (Peter Claus Hartmann), das Gäubodenmuseum zeigt zumindest herausragende Funde.

Mit der Entwicklung des bairischen Volkes kristallisierten sich auch Herrschaftsstrukturen heraus. Laut der Lex Baiuvariorum, dem ersten Gesetzeswerk Bayerns, dessen älteste Teile bis in das 6. Jahrhundert zurückgehen, hatte ein Mann aus dem Geschlecht der Agilolfinger an der Spitze des bairischen Herzogtums zu stehen. Eine der agilolfingischen Leistungen ist die Christianisierung Bayerns, die seit dem ausgehenden 6. Jahrhundert in mehreren Missionswellen einsetzte. Ausländische Mönche und Priester, beispielsweise die fränkischen Wanderbischöfe Emmeram, Rupert und Corbinian, bekehrten das bayerische Volk zum Christentum. 739 schuf dann der angelsächsische Mönch Bonifatius mit der Errichtung der vier Bistümer Regensburg (wozu Straubing gehört), Passau, Salzburg und Freising eine feste und bis heute gültige Kirchenorganisation. Ein Jahr später hielt sich Bonifatius übrigens auch in der Straubinger Gegend auf: Zusammen mit dem Missionar Willibald soll er in *linthart* (Ober-/Niederlindhart im Labertal) mit dem mächtigen Adligen Suidger die Gründung eines Klosters in Eichstätt, Keimzelle des späteren Bistums, besprochen haben. Um diese Zeit könnte auch das Kloster Pfaffmünster nördlich von Straubing entstanden sein. Den Klöstern kam in Politik und Wirtschaft der damaligen Zeit eine besondere Rolle und wichtige Aufgabe zu: Sie hatten das Volk zu missionieren, das Land urbar zu machen und die agilolfingische Macht zu stützen.

Frühbairische Siedlungen

Die Agilolfinger hatten keine feste Residenz, sondern reisten von Pfalz zu Pfalz, auch wenn sie sich in Regensburg besonders gerne aufhielten. Im fruchtbaren Gäuboden befand sich ein Schwerpunkt ihres Herzogsgutes. So nahm (das 1972 nach Straubing eingemeindete) Alburg in dieser Zeit eine besondere Stellung ein; es besaß Marktrecht und wohl eine Pfalzfunktion. Wahrscheinlich erbauten die Agilolfinger auch die Kirche. Denn als Tassilo III. im Jahr 777 das heute in Oberösterreich liegende Kloster Kremsmünster gründete, stattete er es mit reichem Besitz aus, unter anderem mit der Kirchensteuer aus Alburg. In der Gründungsurkunde von Kremsmünster ist der Ortsname *Alburc* zum ersten Mal erwähnt. Er deutet auf eine Siedlung an einem Wasserlauf, dem Allachbach, hin.

Neben Alburg gab es im 6. Jahrhundert noch weitere frühbairische Siedlungen auf dem heutigen Gebiet der Stadt Straubing, von denen aber nur vier namentlich bekannt sind: *Strupinga*, *Simplicho*, *Utilinga* und *Epilinga*. Was Ittling/Öbling im Osten betrifft, deuten nicht nur archäologische Funde aus Gräberfeldern, sondern auch die für germanisch/frühbairische Niederlassungen typischen patronymischen Ortsnamen mit der ing-Endung auf ihren bajuwarischen Ursprung hin: Ittling, 877 zum ersten Mal schriftlich erwähnt, bedeutet »bei den Leuten des Utilo«, Öbling, ein Jahr später urkundlich fassbar, »bei den Leuten des Epilo«. Ittling gehört mit Öbling seit 1972 zur Stadt Straubing. Eine untergegangene Siedlung ist am unteren Allachbach bei der Einmündung des Ziehbrückenbaches im

Bereich des heutigen St.-Michael-Friedhofes anzunehmen. Dem in einer Urkunde aus dem Jahr 890 überlieferten Namen *Simplicho* liegt die Bedeutung »überaus glänzend« zugrunde, wohl auf den Glanz des Wassers in den Bachläufen zurückzuführen.

Entscheidend für die weitere Geschichte Straubings wurde aber die frühbairische Niederlassung mit dem Namen *Strupinga*, der zum ersten Mal 897 in einer Urkunde auftaucht. Sie lag ebenfalls am unteren Allachbach, bei Azlburg, also an der Stelle, an der bereits die Kelten und Römer ihre Spuren hinterlassen hatten. Archäologen fanden im Friedhof St. Peter vier Gräber mit kostbaren Beigaben aus dem 7. Jahrhundert, die auf einen Adelssitz und auf eine frühe (Holz-)Kirche hindeuten. Zusammen mit umgebenden Gehöftgruppen bildeten Adelssitz und Kirche die Keimzelle einer Siedlung, die offenbar auf dem Weg zu einem Wirtschafts- und Verwaltungszentrum war.

Tassilo III. war der letzte bairische Herrscher aus dem Agilolfingergeschlecht, der sein bairisches Stammesherzogtum »fast wie ein König« (Peter Claus Hartmann) regierte. Der neue Frankenkönig Karl der Große, der mit seiner Kaiserkrönung im Jahr 800 auch ein neues römisches Kaisertum begründete, wollte aber kein unabhängiges Bayernreich mehr dulden. Er entmachtete 788 Tassilo und gliederte Bayern ins Frankenreich ein. Der agilolfingische Besitz ging auf die Karolinger über, das Straubinger Gebiet wurde somit karolingisches Königsgut. Die *curtis regia*, ein königlicher Maierhof in Strupinga, wird zum ersten Mal 902 urkundlich erwähnt. Mit dem Herrschergeschlecht wechselte das Krongut dann auch seine Besitzer: Nach dem Aussterben der ostfränkischen Karolinger 911 können sich die sächsischen Liudolfingern, auch Ottonen genannt, als neue deutsche Könige durchsetzen.

Das Augsburger Domkapitel als Grundherr

Otto I. der Große setzte seinen Bruder Heinrich als Herzog in Bayern ein. Mit dessen Enkel wurde 1002 ein bayerischer Herzog deutscher König und römischer Kaiser: Heinrich II. der

DER NAME STRUPINGA/STRAUBING

Die erste bekannte schriftliche Erwähnung des Ortsnamens Straubing findet sich relativ spät, in einer Urkunde des Karolingerkönigs Arnulf, die im Bayerischen Hauptstaatsarchiv (Bestand Urkunden Niederaltaich 14) aufbewahrt wird. Arnulf übertrug am 5. Mai 897 seinem Baumeister Eoprecht in »Strupinga« einen Hof: *... fideli operario nostro nomine Eopreht quasdam res proprietatis nostrae in proprium concessimus, hoc est in pago Tuonehgouue in comitatu Paponis comitis nostri in loco nuncupato Strupinga concessimus ei hobam ... – ... dass wir unserem treuen Baumeister mit Namen Eoprecht gewisse Teile unseres Besitzes zu Eigen gegeben haben, das heißt, wir haben ihm eine Hufe im Donaugau, in der Grafschaft unseres Grafen Papo, am Ort namens Straubing geschenkt ...*

Dem Ortsnamen liegt der germanisch-deutsche Beiname »Strup(o)« zugrunde, der vom Adjektiv »struba – rau emporstehend, struppig« hergeleitet wird. Der Mann, der in Straubing seinen Namen hinterließ, hatte offenbar ein markantes Merkmal: hochstehende, wirre, strubbelige Haare. Zusammen mit der für bajuwarische Siedlungen charakteristischen -ing Endung entstand »Strupinga«, zu übersetzen mit »bei den Leuten des Strupo«. Ungewiss ist, wann sich der Ortsname entwickelte.

Im Verlauf des Mittelalters veränderte sich die Sprache; so schwächte sich im 10. Jahrhundert das harte »p« zum weichen »b« ab, diphthongierte in der zweiten Hälfte des 13. Jahrhunderts »u« zu »au« und schwand schließlich Anfang des 14. Jahrhunderts der Nebensilbenvokal »a« am Wortende: Aus »Strupinga« wurde Straubing.

Heilige hinterließ nicht nur in Bamberg eindrucksvolle Spuren – er gründete das Bistum und ließ den Dom errichten. Noch als bayerischer Herzog hatte er im Jahr 995 auch für Straubing eine weit reichende Entscheidung getroffen: Er schenkte die Besitzungen in und um Straubing seinem Bruder Bruno, Bischof von Augsburg. Dieser wiederum vermachte kurz vor seinem Tode am 24. April 1029 *zum Heil seiner Seele* das Gut Strupinga den Augsburger Kanonikern *... mit den Hörigen, den Kirchen, Gehöften und Dörfern, den Äckern, Wiesen, Weiden und Mühlen, mit zugänglichem und unzugänglichem Gelände, den festen Plätzen, den Waldungen,* *gerodet und ungerodet, bewirtschaftet und unbewirtschaftet, mit Zoll, mit dem Neubruchzehnt, der Salzpfanne in (Reichen-)Hall und mit allem bereits Erforschten und noch zu Erforschenden.*

Somit wurde das Augsburger Domkapitel, dessen eigentliche Aufgabe die Verwaltung des Bistums war, mächtiger Grundherr in der Straubinger Gegend, mit Besitzungen in der Donauniederung, aber auch nördlich der Donau das Kinsachtal entlang in den Vorderen Bayerischen Wald hinein, südlich der Donau im Gäuboden und das Labertal hinauf. Zunächst vermutlich von Alburg oder Pfaffmünster aus verwaltet, nahmen die domkapitelschen Vertreter, die Pröpste, schließlich ihren Sitz in Strupinga – vielleicht in der »Azlburg«, die mit dem 902 erwähnten Königshof identisch sein könnte. Urkundlich gesichert ist das dominante, heute als Kloster dienende Anwesen aber erst seit 1325: Damals überschrieb Johann Göls, Straubinger Bürger und Propst des Augsburger Domkapitels, sein freies Eigentum, *daz do die Atzelburch haizzet*, als Lehensgut dem Regensburger Bischof.

Die »beachtliche Position«, die dieses Straubing im Laufe des 9. bis 11. Jahrhunderts gewann, bestätigen archäologische Funde einer aus karolingischer Zeit stammenden steinernen Saalkirche sowie einer »stadtähnlichen«, »aufwändigen Befestigung« mit Gräben, Natursteinmauern und Erdwällen (Werner Schäfer). Unter der Herrschaft des Augsburger Domkapitels wuchs Straubings politische und wirtschaftliche Bedeutung weiter an. Hierfür legt gerade die Kirche St. Peter eindrucksvoll Zeugnis ab. Hatten wohl die Domherren schon nach dem Übergang des Gebiets in ihre Hände die karolingische Kirche erweitert, so errichteten sie um 1180 an derselben Stelle eine neue, dreischiffige Basilika. Durch die Lage auf der einzigen Anhöhe, aber auch durch ihre Größe signalisiert sie ihren Anspruch als geistliche Mitte für die nähere und weitere Umgebung. Und mit ihren für den romanischen Baustil typischen Tympana sowie der überlebensgroßen Christusfigur im Chorraum, die wohl noch aus der Erstausstattung stammt, bietet sie großartige Kunstwerke.

Die romanische Basilika St. Peter in der Altstadt.

1180 war auch für die bayerische Geschichte insgesamt ein bedeutsames Datum: Der staufische Kaiser Friedrich Barbarossa sprach seinem Gegenspieler, dem Welfen Heinrich dem Löwen, das bayerische Stammesherzogtum ab und übertrug es seinem treuen Gefolgsmann, dem Grafen Otto von Wittelsbach. Durch eine kluge Politik gelang es den Wittelsbachern, ihre Herrschaft in Bayern zu erweitern und zu festigen: Sie sicherten sich das Erbe ausgestorbener Adelsgeschlechter und gründeten zahlreiche Städte und Märkte.

Stadt der Wittelsbacher: Straubing im hohen und späten Mittelalter

Viele Besucher Straubings verwirrt, dass die Einheimischen das historische, vom Mittelalter geprägte Zentrum als »Neustadt« bezeichnen, während sie das Gebiet um die Basilika St. Peter »Altstadt« nennen. Doch dort in der Altstadt lagen der ursprüngliche Siedlungskern, das keltische und römische Sorviodurum und der domkapitelsche Markt Strupinga, der mit der Gründung eines eigenen »Straubings« durch den Wittelsbacherherzog Ludwig I. im Jahr 1218 seine Bedeutung verlor. Es ist das wittelsbachische Straubing, das im hohen und späten Mittelalter als Stützpunkt der bayerischen und niederbayerischen Landesherren, als Hauptstadt und schließlich im 1353 entstandenen Herzogtum Bayern-Straubing-Holland auch als glanzvolle Residenzstadt hervortritt. Selbst nach dem Aussterben der Straubinger Linie der Wittelsbacher bleibt Straubing für die neuen Stadtherren, die Herzöge von Bayern-München, unangefochten die Hauptstadt für ihre niederbayerischen Gebiete. Die Bürger wiederum erarbeiten sich zwischen wittelsbachischem Stadtherrn und domkapitelschem Grundherrn ihr politisches und wirtschaftliches Selbstbewusstsein, profitieren von der fruchtbaren Lage in der *Schmalzgrueben von Bayern* und der Neutralität in den wittelsbachischen Erbauseinandersetzungen. Dies tut sich kund im bis heute von der Gotik bestimmten Stadtbild, in dem der mächtige Stadtturm in der Mitte das Wahrzeichen setzt, die Hallenkirche St. Jakob den geistlichen Mittelpunkt bildet und das Rathaus die bürgerliche Freiheit dokumentiert.

Straubings Geschichte seit dem Mittelalter lässt sich gerade am Rathaus beispielhaft verfolgen: Es ist ein Kaufmannsgebäude, das die Handelsleute Erhart Hartlieb und Michael Tristram 1382 *unsern lieben Herren dem Rat und der gemain reich und Arm iren Hausfrawn und allen iren eriben und Nachkomen Der Stadt den Purgern zw Strawbing* verkauft haben. Es wird zu einem Rathaus umgebaut, mit einem breiten Einlass und einem prächtigen Versammlungssaal, der in seinen gotischen Fensterscheiben den »Straubinger Pflug« zeigte. Die *fragengaden*, die Läden im Erdgeschoss des Rathauses, aber blieben erhalten und verweisen auf die Bedeutung Straubings als Handels- und Marktort. Das Ende des Mittelalters sieht Straubing als eine *schöne wolerbawte Statt einer zimblichen grösse*, als einen der wichtigsten bayerischen Marktplätze und Verwaltungsorte.

Gründung einer »neuen Stadt« 1218

Besonders Ludwig I., auch »der Kelheimer« genannt, verstand es, die Macht der Wittelsbacher, ihre Wirtschaftskraft und militärische Stärke zu erweitern. 1204 gründete er nicht nur Landshut, sondern heiratete auch Ludmilla von Böhmen, die als Witwe des Grafen Albert III. von Bogen einem der mächtigsten Grafengeschlechter dieser Zeit angehörte. Mit der Heirat erhielt er vermutlich auch die bisher von den Bogener Grafen ausgeübten Vogteirechte über das domkapitelsche Straubing, d. h. er vertrat die Augsburger Domherren in weltlichen, insbesondere gerichtlichen Angelegenheiten.

Straubing war für den Herzog aus wirtschaftlichen und strategischen Gründen interessant. Das Umland war äußerst fruchtbar, die Kontrolle über den Kreuzungspunkt der Fernwege Ost-West und Süd-Nord militärisch wichtig und zugleich ergiebig an Zöllen und Maut, die Donau nicht nur ein wichtiger Verkehrs- und Transportweg, sondern auch ein natürlicher Schutz. Politisch konnte der Herzog mit Straubing im Westen ein Bollwerk gegen die Machtansprüche des Bischofs von Regensburg in seinem Hochstift und gegen das aufstrebende, sich zur Reichsstadt entwickelnde Regensburg mit seiner Bürgerschaft aufbauen. Nach Osten bot Straubing nicht nur eine Absicherung gegen die Herrschaft der Grafen von Bogen, sondern sogar einen nahen Zugriffsort auf das zu erwartende Erbe. Denn die Ehe des herrschenden Grafen Albert IV. war kinderlos, sein Bruder Berthold verunglückte im Sommer 1218 auf einem Kreuzzug: Dies könnte den Anstoß für eine Stadtgründung in unmittelbarer Nähe zu Bogen gegeben haben. Die günstige Lage Straubings war Ludwig so wichtig, dass er hier eine Stadt gründete, obwohl ihm der Grund und Boden nicht gehörte: Die Rechte des Augsburger Domkapitels, zum Beispiel deren Mitanspruch auf Zolleinnahmen oder auf die Ausübung der Gerichtsbarkeit, mussten respektiert werden. Diese Konstellation – die Wittelsbacher Herzöge als Stadtherren, das Augsburger Domkapitel als Grundherr, dazwischen die nach Selbstverwaltung strebende Bürgerschaft – prägte und komplizierte die weitere Entwicklung Straubings.

Ludwig gründete seine »Gegen-Stadt« (Alois Schmid) aber nicht auf dem Gebiet des alten Strupinga, sondern etwa einen Kilometer weiter westlich auf einer natürlichen Plattform über der Donauniederung. Sie war hochwassersicher und bot eine bessere Kontrolle über die Fernwege und die Donaufurt. Vermutlich wurde am gewählten Platz bereits seit dem 12. Jahrhundert der große Jahrmarkt Strupingas am St.-Peters-Tag abgehalten; vielleicht hatten sich auch schon einzelne Händler oder Handwerker hier angesiedelt. Zudem wollte der Herzog offenbar aus politischen Gründen einen bewussten Neugründungsakt »seiner« Stadt, die einen wichtigen Baustein in der Ausdehnung und Sicherung wittelsbachischer Herrschaft bilden sollte – auch wenn eine Urkunde seines Sohnes Otto II. von einer *mutatio sive translatio*, einer Veränderung oder Verlegung der alten Stadt spricht.

Zeitgenössische schriftliche Zeugnisse zur Stadtgründung fehlen, archäologische Ausgrabungen verliefen ergebnislos. Das 13. Jahrhundert ist, was Quellen zur Geschichte Straubings betrifft, ein »dunkles Jahrhundert«. Gewährsträger für das Gründungsjahr Straubings sind zwei klösterliche Handschriften. Ein Zeitzeuge ist Abt Hermann von Niederaltaich, geboren um 1200, der ab etwa 1250 die »Niederaltaicher Annalen« anlegte und auch vergangene Ereignisse aufführte: Unter dem Jahr 1218 notierte er: *Ludwicus dux oppidum in Strubing construere cepit – Herzog Ludwig begann in Straubing die* (befestigte) *Stadt zu errichten*. Die »Annales Altahenses« werden heute in der Österreichischen Nationalbibliothek in Wien aufbewahrt. Ein Chorbuch

Der gotische Stadtturm, das Wahrzeichen Straubings, mit Dreifaltigkeitssäule im Vordergrund und Wasserturm im Hintergrund. ▶

aus dem Kloster Windberg, in das im 13. und 14. Jahrhundert geschichtliche Notizen eingetragen wurden und das in der Bayerischen Staatsbibliothek in München liegt, überliefert: *Item anno domini MCCXVIII constructa est nova Strubinga – Ebenso im Jahr des Herrn 1218 wurde das neue Straubing erbaut*. Diese Quelle erzählt unter anderem auch von einem großen Stadtbrand 1288 und vom Beginn des Stadtturmbaus im Jahr 1316. Die Glaubwürdigkeit der Windberger Einträge, die immerhin erst etwa 160 Jahre

HINTERGRUND

DER STADTTURM – DAS WAHRZEICHEN STRAUBINGS

Das Wahrzeichen der Stadt ist der mächtige gotische Stadtturm mit seinen fünf Spitzen, der fast 68 Meter hoch mitten auf dem Marktplatz steht und bürgerliches Selbstbewusstsein demonstriert. Er wurde 1316 als Wachturm vor Feuer und Feind grundgelegt und bis in das 16. Jahrhundert stufenweise ausgebaut. In den Obergeschossen liegen die Wohnung des Stadttürmers, der Wachgang und die Glockenstube. Am Turm sind mehrere Steintafeln eingelassen, die auf Ereignisse der Bau- und Stadtgeschichte Bezug nehmen, z. B. an der Südseite die zutreffende Inschrift *Haec turris firmiter erecta est – Dieser Turm ist fest errichtet*. Der Türmer musste auf den Ausbruch von Feuer achten, signalisieren, wenn mehrere Reiter oder ein Schiff sich näherten, sowie die Zeit vermelden. So diente die Feuerglocke auch als Uhrglocke, wie die Inschrift aus dem Jahre 1406 besagt: *Ych kundoz di czeit di uns got tag und nacht geit*. Der letzte Türmer verrichtete seinen Dienst bis 1922. Die spätgotischen Anbauten beherbergten die Ratstrinkstube, die Stadtwaage und die Stadtwache, einen Theatersaal, das Brothaus und – bis heute – Ladengeschäfte.

War 1782 in einer der frühesten Stadtgeschichten Straubings der Turm noch als *die größte Zierde von Straubing ... die Fünfe grad!* charakterisiert worden, so erwog man im Zuge der Demolierung der Stadtbefestigung 1806/1807 kurzzeitig auch den *großen, sehr überflüssigen Turm* bzw. diesen unnützen *Zahnstocher* abzureißen. Das *anmaßend schöne Ding*, wie ihn hingegen der Schriftsteller Josef Martin Bauer 1968 zu Recht bezeichnete, eröffnet dem Besucher von oben einen herrlichen Blick auf die mittelalterliche Stadtanlage, das moderne Straubing, die Donau, den Gäuboden und weit in den Bayerischen Wald hinein.

nach Gründung Straubings entstanden sind, haben nicht zuletzt die bautechnischen Untersuchungen anlässlich der Renovierung des Stadtturms im Jahr 1991 erwiesen.

Bauliche Entwicklung der Neustadt

Die Anfänge der »Neustadt« werden im nordwestlichen Stadtviertel um die Kirche St. Jakob vermutet. Die Bebauung dehnte sich auf einer Fläche von etwa 20 Hektar rasch und planmäßig aus. Es entstand als Verbreiterung des westöstlichen Fernweges der großzügige, 600 Meter lange, leicht gebogene Straßenmarkt. Die wichtige Fernstraße von München über Landshut nach Böhmen kreuzte den Stadtplatz in der Mitte und teilte die rechteckig angelegte Neustadt in fast gleichmäßige, eng bebaute, durch schmale Gassen erschlossene Viertel. Die Stadtteile, bereits in mittelalterlichen Quellen durch Farben gekennzeichnet, entwickelten ihren eigenen Charakter. Der *rote* Distrikt im Südwesten barg eher kleinere Häuser und Werkstätten der Handwerker. Im *blauen* Bezirk im Südosten befanden sich Anwesen der Mittel- und Oberschicht, ragten auch die mächtigen Wein- und Salzstädel auf, wohnten die Juden. Im *grünen* Viertel lebten bevorzugt adelige Familien, errichteten die Karmeliten ihr Kloster und ihre Kirche, schloss sich das Herzogsschloss an. Den *gelben* Distrikt dominierten die Kirche St. Jakob, das Rathaus, das Dreifaltigkeits- bzw. Bürgerspital und weitere Häuser mildtätiger Stiftungen; hier lag wohl auch die erste wittelsbachische Burg, wie der Straßenname *In der Bürg* andeutet. Direkt um den Stadtplatz aber gruppierten die reichen und angesehenen Kaufleute sowie die herzoglichen und domkapitelschen Beamten ihre Anwesen, besaßen das Regensburger Kloster St. Emmeram und das Windberger Kloster auch ihre Kastenbauten zur Aufnahme der grundherrlichen Einnahmen. Hierbei entstanden wohl erst nach Bränden des 13. und 14. Jahrhunderts die für Straubing typischen, stattlichen, oft sehr hohen, mit Treppengiebeln versehenen Gebäude. Ein eigenes, *graues* Handwerkerviertel erwuchs im quellenreichen Gebiet »Unterm Rain«, das der Neustadt vorgelagert war und vor al-

Die planmäßig angelegte, mittelalterliche Neustadt – hier in einer Luftaufnahme von 2014 – ist immer noch deutlich erkennbar.

lem Fischern, Gerbern und Fleischhackern Unterkunft bot; Straßennamen wie Fischram oder Weißgerbergasse zeugen heute noch davon. Mit Baubeginn eines neuen Schlosses wurde der Stadtkern 1356 nach Nordosten erweitert, sichtbar am Eingangstor des Schlosses, das ursprünglich ein Befestigungsturm der alten Stadtmauer war.

Die Rolle als landesherrlicher Herrschaftsstützpunkt und die Sicherheit des Handels erforderten eine Befestigung der Stadt. Die Neustadt war zunächst nur von hölzernen Palisaden und Erdwällen umgeben, die wohl noch im 13. Jahrhundert von steinernen Befestigungen mit Wehrgängen, Toren und Türmen, zum Beispiel dem noch erhaltenen Weytterturm, abgelöst wurden. Fünf Tore boten Einlass: im Nordosten das Donautor, im Osten das Untere Tor, im Süden das Steinertor, im Westen das Obere Tor und im Norden das Spitaltor, das als einziges die Zeiten überdauert hat. Dem herzoglichen

Stadtherrn lag sehr an einer gut geschützten Stadt. So bestimmte zum Beispiel Herzog Heinrich XIV. von Niederbayern im Jahr 1336, dass die vom Stadtgericht ausgesprochenen Geldstrafen *ze pesserung an mauern oder an andern sachen anlegen, daz sein der stat notdurft ist.*

Herausbildung der Selbstverwaltung

Die Stadtbevölkerung
Innerhalb der Stadtmauern galt der »Burgfriede«, dem sich alle Einwohner zu unterwerfen hatten. Denn mit der Neustadt war eine neue Rechts- und Sozialgemeinschaft entstanden, die sich zusammensetzte aus Groß- und Kleinhändlern, aus Handwerkern, die in erster Linie aus den Grundherrschaften der Umgebung kamen, aber auch aus Angehörigen des Adels, die vom

Land in die Stadt zogen, und aus der Beamtenschaft des Herzogs und des Domkapitels. Für die alltäglichen Dienstleistungen nötig war eine städtische Unterschicht, Taglöhner, Handlungsgehilfen, Hilfsarbeiter und Dienstboten, die zumeist den Stand nichtbürgerlicher Bewohner, der sogenannten »Freisassen« innehatten. Eine Sonderstellung nahmen die Juden ein, die in der *Judengass*, einem ghettoartigen Judenbezirk mit Betsaal, Schule und Bad, wohnten und vielfach im Geldleihgeschäft tätig waren. 1338 löste wohl eine Heuschreckenplage und die damit verbundene wirtschaftliche Not ein erstes Pogrom aus: *da man die juden hat verprant*. Über hundert Jahre später, 1442, vertrieb Herzog Albrecht III. alle Juden aus Straubing. Einwohnerzahlen der Neustadt sind für die frühe Zeit nicht bekannt. Aus dem ältesten Steuerbuch, das im Straubinger Stadtarchiv liegt, lassen sich für das Jahr 1462 etwa 800 Anwesen mit 3500 bis 4000 Bewohnern errechnen.

Spuren hinterließ vor allem die schmale patrizische Oberschicht, die privilegiert »durch Vermögen, Herkunft und Ämter« (Hubert Freilinger) stattliche Häuser am Stadtplatz bewohnte und *um der sel heil willen* vielfältige Stiftungen tätigte. So residierten die Zeller, um 1417 als Wein- und Tuchhändler und Geldgeber der Herzöge nach Straubing gekommen, im Gebäudekomplex *in der Kron*, dessen Hauszeichen immer noch über dem Stadtplatz thront. Sie genossen unter anderem das Privileg einer Hauskapelle, unterhielten zudem eine Kapelle samt Geistlichem in St. Jakob, stifteten derselben Kirche ein herausragendes Portal, errichteten eine *Almosen- und Jungfrauenaussteuer-Stiftung* für bedürftige Bürgerstöchter, ließen sich in der Karmelitenkirche prachtvolle Grabsteine setzen. Segensvoll wirkte auch der reiche Bürger Albrecht Steinhauff, der 1368 nicht nur ein Grundstück für das Karmelitenkloster zur Verfügung stellte, sondern auch das obere Betschwesternhaus gründete: Verarmte, aber ehrbare Handwerkertöchter oder -witwen fanden hier Kost und Logis, wenn sie den Dienst an den Toten verrichteten, für sie beteten, sie für das Begräbnis herrichteten; in der Tradition dieser *Seelnonnen* und *Betschwestern* heißen die Mitarbeiterinnen des städtischen Bestattungsamtes heute noch »Leichenschwestern«.

Das Bürgerrecht

Wer Bürger werden wollte, musste einen guten Leumund nachweisen, sich einen Harnisch leisten können und eine – zunächst geringe – Aufnahmegebühr zahlen. Unabdingbar war der Treueeid: *Das er mit meinen herrn vom Rat unnd iren gesetzten unnd Poten, well gehorsam Unnd gemainer Stat frommen trachten unnd schaden wenntn bej tag unnd nacht* ... Nur wer Bürger war, konnte einen Gewerbebetrieb errichten oder Grundbesitz kaufen und durfte am politischen Leben Anteil nehmen. Bürger waren persönlich frei, hatten aber eine Steuer- und Militärpflicht. Bis 1435 übten die Augsburger Domherren das Recht der Bürgeraufnahme aus, ein Zeichen ihres lang andauernden, großen Einflusses, zugleich ein Beispiel, wie sich die Rechte zwischen Stadt- und Grundherren aufteilten: Dem Herzog, repräsentiert durch seinen Stellvertreter, den Viztum, standen die Gerichtsbarkeit, die Stadtsteuer und ein Drittel der Einnahmen aus Schifffahrts-, Brücken- und Wegezoll zu. Dem Augsburger Domkapitel, vertreten durch Ober- und Unterpropst, gehörten die anderen zwei Drittel der Zölle und die Grundzinsen, die jeder Bürger mit Grundbesitz zu zahlen hatte; zudem wirkte der Unterpropst anfangs auch als *Kammerer*, als Bürgermeister, der das Markt- und Gewerbewesen beaufsichtigte und eben das Bürgerrecht verlieh.

Das Stadtgericht

Während die domkapitelsche Grundherrschaft die Herausbildung städtischer Organe eher zu hemmen versuchte, förderten die wittelsbachischen Stadtherren die städtische Selbstverwaltung, vor allem durch die Beteiligung der Bürger an der Rechtsprechung. Für die Bürger, die sich anfangs noch vor dem herzoglichen Gericht verantworten mussten, war bald schon in Fällen der »Niedergerichtsbarkeit« das »Stadtgericht« zuständig, unter anderem in Streitigkeiten über Geld- und Vertragsschulden, bei Fällen von leichter Körperverletzung, Grenzfrevel, Beleidigung oder kleinerem Diebstahl. Das Stadtgericht setzte sich aus *gesworenen* Bürgern unter dem Vorsitz eines vom Stadtherrn berufenen Richters zusammen. 1307 verlieh Herzog Stephan I. den Straubinger Bürgern das Privileg, dass sie den vorsitzenden Richter vorschlagen durften. Im Jahr 1338 bestätigte und erweiterte Herzog Heinrich XIV. von Niederbayern die selbstständige Rechtsstellung der Straubinger Bürger; sie durften nun auch über die eigentlich dem herzoglichen Landgericht vorbehaltene Rechtsprechung über Streitigkeiten um »Erb und Eigen«, d. h. um Immobilien verfügen. Nur noch in den Straffällen der Blutgerichtsbarkeit, den berühmten *drey sache, di an den tod gent* (Raub und schwerer Diebstahl, Mord, Notzucht), war das herzogliche Gericht zuständig.

Der Rat

Vermutlich bis zum Ende des 13. Jahrhunderts bildete sich ein »Rat« heraus, der für die Verwaltung des Gemeinwesens verantwortlich war. Der Rat, dem nur Mitglieder der höchsten Straubinger Kaufmanns- und Adelsschicht angehörten, wurde zur städtischen Obrigkeit, die allgemein verbindliche Anordnungen für die gesamte Stadtbevölkerung erlassen durfte. Die vom Stadtherrn verliehenen Privilegien und die vom Rat eingeführten Bestimmungen ließen im Laufe der Zeit ein eigenes Straubinger »Stadtrecht« entstehen. Es wurde um 1472 im »Roten Buch«, wegen seines rötlichen Einbandes so bezeichnet und aufbewahrt im Stadtarchiv, festgehalten. Die acht Ratsherren unter Vorsitz des »Kammerers« kümmerten sich um die Erhebung der Steuern und um »polizeiliche« Angelegenheiten, zum Beispiel die Bau-, Hygiene-, Gewerbe- und Marktaufsicht, die Kontrolle der Wirtshäuser, die Organisation des Feuerschutzes und Wachdienstes. Zu Beginn des 15. Jahrhunderts entstand neben dem »Inneren Rat« auch ein zwölfköpfiger »Äußerer Rat« als Vertretung der mittleren und weniger begüterten Bürgerschaft, vor allem der sich in Zünften organisierenden und einer strengen Ordnung unterworfenen Handwerkerschaft; hier genossen vor allem die Bäcker, Fischer, Fleischer, Lederer und Wollwirker Ansehen und Einfluss. Das Amt des »Kammerers« übernahmen nun vier Bürgermeister, die jährlich vom Äußeren Rat aus dem Inneren Rat gewählt wurden und je ein Quartal Dienst taten. Die festgefügte Wahlordnung *Wenn und wie man den Rat setzn sol und wie des Rats ayd ist* blieb – so wie fast alle in das »Rote Buch« eingetragenen Regelungen – bis zum Anfang des 19. Jahrhunderts gültig.

Siegel der Stadt Straubing an einem Testament aus dem Jahr 1380.

RAUTEN, PFLUG UND LILIE: DAS STADTWAPPEN

Sichtbarer Ausdruck einer Stadt als »Rechtspersönlichkeit« und Symbol einer mehr oder minder großen städtischen Autonomie war das Siegel. Es war im Mittelalter, angebracht an einer Urkunde, wichtigstes Beglaubigungsmittel für Rechts- und Geschäftsvorgänge. Das älteste Siegel der Stadt Straubing ist an einer Urkunde überliefert, die den Verkauf eines Hofes in (Ober-/ Nieder-)Schneiding an das Regensburger Klarissenkloster regelt; *der purger insigel von Strubing* bestätigt den Kaufvertrag, der am 11. März 1301 abgeschlossen worden ist (Bischöfliches Zentralarchiv Regensburg Bestand Klarissenkloster 23): Es zeigt das Straubinger Wappen mit zwei Rautenschildern (für die Stadtherrschaft der Wittelsbacher und die von ihnen ausgeübten Vogteirechte stehend), dem Pflug (der auf das älteste Richtergeschlecht Straubings, die Herren von Straubing (und Rain), zurückgeht oder/und auf das bäuerliche fruchtbare Umland verweist) und der Lilie (ein

Mariensymbol, das auf die Grundherrschaft des Augsburger Domkapitels hindeutet). Die Umschrift lautet SIGILLVM CIVIVM ET [CIVIT]ATIS STRA[WINGENS]IS – *Siegel der Bürger und der Straubinger Gemeinde*. In farbiger Darstellung haben sich seit dem Mittelalter auf rotem Grund die Rauten in Weiß-Blau, der Pflug in Silber, die Lilie in Gold herausgebildet. Im Wappen sind also die prägenden Kräfte nicht nur Straubings, sondern ganz Altbayerns vereint: Fürst, Land bzw. Bürger und Kirche. Der Pflug wurde hierbei öfters auch alleine als Zeichen der Stadtgemeinde verwandt. Die berühmten weiß-blauen Rauten, das »Logo Bayerns« schlechthin, führten übrigens ursprünglich die Grafen von Bogen in ihrem Schild. Nach dem Aussterben dieses einflussreichen Geschlechtes im Jahre 1242 übernahmen die Wittelsbacher Herzöge die Rauten in ihr Wappen. Der Landkreis Straubing-Bogen nennt sich daher zu Recht »Wiege des bayerischen Rautenwappens«. Nach dem Ende der Wittelsbacherherrschaft und der Revolution 1918 kamen die Rauten als Symbol für Gesamtbayern auch in das Wappen des neuen Freistaats. Seit 1950 sitzen die Rauten als Herzschild im großen Staatswappen Bayerns, während der einfache Rautenschild als kleines Staatswappen dient.

Regierungssitz und Marktstadt

Straubing wurde von seinem Gründer Herzog Ludwig sehr gefördert. Bereits 1225 hielt er hier einen Landtag ab, drei Jahre später feierte er mit vielen Gästen, unter ihnen König Heinrich VII., den Ritterschlag seines Sohnes Otto. Als 1255 bei der ersten bayerischen Landesteilung das Herzogtum Niederbayern entstand, bestimmte Herzog Heinrich XIII. Straubing zum Sitz seines Stellvertreters, des *Viztums* für das *untere* Niederbayern. Dieser war als militärischer Befehlshaber, als oberster Richter und »Finanzbeamter« für das Gebiet von Abbach über Landau bis Vilshofen und hinein in den Bayerischen Wald nach Waldmünchen, Eschlkam, Cham verantwortlich. Straubing war somit »Regierungsstadt« – ein Rang, den es bis in das 19. Jahrhundert hinein behaupten konnte.

Die besondere Bedeutung Straubings für die Herzöge spiegelt sich auch in ihrer Hofordnung des Jahres 1293 wider, die neben Landshut und Burghausen Straubing als die Stadt, *da der Herzog aller meist wonen sol mit dem hof*, aufführt. 1353 mit der Entstehung des Herzogtums Bayern-Straubing-Holland erhob sich Straubing dann endlich zur herzoglichen Residenzstadt.

Wirtschaftlich entwickelte sich Straubing zwar nicht zu einer Fernhandels- und Manufakturstadt mit internationalen Beziehungen, wie es zum Beispiel Regensburg war, auch wenn man im Tuch-, Vieh- und Getreidehandel durchaus überregionale Bedeutung erlangte. Die Stadt wurde aber für das weite Umland, für den Gäuboden und den Bayerischen Wald, zentraler Handels- und Marktort, den die Stadtherren dementsprechend unterstützten. Herzog Johann III. verlieh 1409 zum Beispiel das Recht zu einem neuen Jahrmarkt: *das si ain mess machen sullen und mugen in unsrer statt Straubing oder aussserhalben in dem purting* … Jahrhundertelang gab es in Straubing neben den Wochen- und Sondermärkten wie der samstäglichen Getreideschranne vier einwöchige Jahrmärkte, den Peter- und Paul-Markt Ende Juni, den Laurenzi-Markt Mitte August, den Mariä-Geburt-Markt im September und den Bruckmarkt Anfang Oktober, sowie vier eintägige »Untermärkte« vor Weihnachten, an Ostern, und Allerheiligen.

Die Altstadt im Abseits

Die Gründung und das Gedeihen der Neustadt taten freilich der alten Siedlung, der »Altstadt«, nicht gut. Das Markt- und Wirtschaftsleben konzentrierte sich nun auf die Neustadt. Die dort ansässigen Gewerbetreibenden behinderten die Altstädter Händler und Handwerker nach Möglichkeit. Den Bewohnern der Altstadt verweigerte man zudem das volle Bürgerrecht und erst im 18. Jahrhundert erhielten sie ein Wirtshaus. Schlecht erging es ihnen auch in *gefehrlichen zeiten*, bei *sich anzeigenden kriegsentpörungen*, da dann alle Gebäude im Schussfeld vor der Neustadt niedergerissen wurden, die weiter abgelegenen Anwesen aber dem Ansturm der Feinde schutzlos preisgegeben waren. St. Peter blieb zwar das ganze Mittelalter über die *alte, rechte Pfarrkirche* Straubings, verlor aber zunehmend die seelsorgerliche Bedeutung für die Neustadt an St. Jakob. Die Altstadt geriet ins Abseits, wurde das Quartier der Bauern, »Gartler« und Taglöhner, der Ort für den Richtplatz, für Aussätzige und Kranke. So errichtete man zum Beispiel hier im Feld das Siechen- und Leprosenhaus St. Nikola; an der Ostseite des Spitalkirchleins steht immer noch die mittelalterliche Steinfigur des heiligen Nikolaus, die nun auf ein modernes Seniorenheim aufpasst. Auch die Toten blieben dem *schwarzen* Viertel treu: Um die Basilika St. Peter lag der Bürgerfriedhof Straubings, während sich weiter südlich um eine Kirche St. Michael der Armen- und Soldatenfriedhof entwickelte. Vielleicht konnte aber die Altstadt gerade durch diese »Randlage« ihren eher dörflichen Charakter, ihre eigene, beschaulich und ruhig wirkende Atmosphäre bis heute bewahren. Mit der Gründung des Kompetenzzentrums für Nachwachsende Rohstoffe im Jahr 2000, untergebracht im ehemaligen Franziskanerkloster bzw. Krankenhaus der Barmherzigen Brüder, und der Errichtung des Campus Straubing der Technischen Universität München 2017 allerdings erfuhr sie eine besondere Ehre.

Das Herzogtum Bayern-Straubing-Holland

Die Zeit des Herzogtums Bayern-Straubing-Holland von 1353 bis 1425 sah Straubing als wittelsbachische Residenzstadt, es erfreute sich nun »einer vorher nicht gekannten Weltläufigkeit und Weltoffenheit, eines vorher nicht gekannten höfischen Glanzes« (Hubert Freilinger). Das ungewöhnliche Herrschaftsgebiet ist der energischen Hausmachtspolitik des wittelsbachischen Herzogs, deutschen Königs und römischen Kaisers Ludwig IV. des Baiern zu verdanken, unter dem 1340 Ober- und Niederbayern wieder vereint worden waren und der sich in zweiter Ehe mit Margaretha von Hennegau-Holland verehelicht hatte. Nach dem Tod Ludwigs kam es 1349 unter den sechs Söhnen zur zweiten großen bayerischen Landesteilung. Ludwig V. wurde zusammen mit Ludwig VI. und Otto V. Oberbayern, Brandenburg und Tirol zugesprochen. Stephan II., Wilhelm I. und Albrecht I. erhielten Niederbayern. Bereits am

Am Hoogheemraadschap (»Deichgrafenamt«) van Delfland in Delft/ Niederlande erinnert das Wappen Albrechts I. von Straubing-Holland an die Zeit der Wittelsbacher Herrschaft in Holland.

3. Juni 1353 teilten diese aber im Regensburger Vertrag *ir land, ir lewt, pirg, stet und gemainleichen all ir gült, die zu dem Nidern Bayern gehoren*, unter sich auf. Stephan wurde Herrscher im südwestlichen Teil Niederbayerns mit Landshut als Residenzstadt. Den anderen Teil Niederbayerns mit Straubing als Hauptstadt bekamen seine Halbbrüder Wilhelm und Albrecht, die zudem als Erben der mütterlichen Länder Hennegau, Holland, Seeland und Friesland galten.

Das neue Herzogtum Bayern-Straubing-Holland war ein zersplittertes Territorium. Es bestand im Norden aus dem agrarisch bestimmten Hennegau mit den Hauptorten Valenciennes und Mons. Der politische und wirtschaftliche Schwerpunkt lag in den Küstengrafschaften Holland und Seeland, deren Aufstieg zur großen See- und Handelsmacht sich gerade anbahnte. Hier befanden sich die aufstrebenden Städte Delft, Rotterdam, Gouda, Haarlem, Dordrecht, Leiden, Middelburg und Zierikzee. Dazu kam noch die Herrschaft (West-) Friesland. Der bayerische Teil des neuen Herzogtums, ein überwiegend fruchtbares Bauernland, zog sich an der Donau entlang von Kelheim, Straubing nach Vilshofen und Schärding, umspannte den Bayerischen Wald (Cham, Furth im Wald, Kötzting, Viechtach, Regen) und dehnte sich nach Simbach, Landau a. d. Isar, Dingolfing und Langquaid aus. Zum Herzogtum gehörten auch der Herzogshof, die Münze und die Juden zu Regensburg.

Das Herzogtum unter Albrecht I.

Wilhelm konzentrierte sich auf den Norden und überließ seinem jüngeren Bruder Albrecht die Regentschaft in Niederbayern. Als Wilhelm aber infolge eines Schlaganfalls regierungsunfähig wurde, riefen die Stände Hennegaus und Hollands Albrecht als Statthalter und *ruuward* (= Ruhewahrer) in ihr Land. Albrecht wurde Regent in einem innenpolitisch unruhigen Land, dessen Spannungen er aber durch eine ausgleichende Politik allmählich abbauen konnte. 1389 starb schließlich der *dolle graaf* (= der verrückte Graf) Wilhelm. Albrecht konnte nun erst offiziell titeln: *Wir Albrechts von gottes genaden pfallenzgrafe bey Rhein und herzog zu Bayrn, grave zu Henegau, zu Hollannde, zu Seland und der herlicheit zu Friesslanndt*. Zu diesem Zeitpunkt befand er sich, um Neutralität nach innen und außen bemüht, auf dem Höhepunkt seiner Macht und seines Ansehens im In- und Ausland. So hatte er Heiratsbande und Bündnisse mit den Königen von England und Frankreich, mit den Herzögen von Burgund und Geldern, mit den Häusern Habsburg und Luxemburg geknüpft.

Nach Albrechts Weggang in den Norden, wo er Den Haag zu seiner Residenzstadt erkor, geriet das Teilherzogtum Niederbayern-Straubing zum Nebenland, das überwiegend von Pflegern und Viztumen verwaltet wurde. Dies führte zu einer starken Stellung der »Landstände«, der Städte, Märkte, Präla-

NEUERSCHEINUNGEN

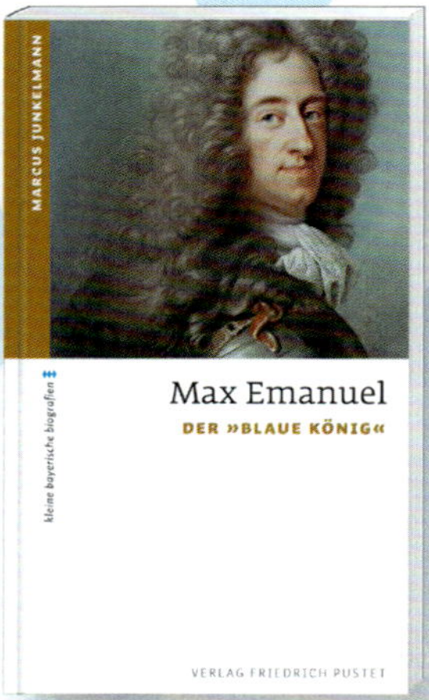

Marcus Junkelmann

MAX EMANUEL

Der »Blaue König«

192 S., 28 z. T. farb. Abb., kart.

ISBN 978-3-7917-2991-6, € (D) 14,95

AUCH ALS EBOOK

Von 1680 bis 1726 spielte der »Blaue König« auf der europäischen Bühne eine bedeutende Rolle. Bayern sollte Großmacht werden, doch militärische Niederlagen zerstörten diesen Traum. Packend schildert Marcus Junkelmann das Leben des Barockherrschers schlechthin. Geblieben sind u. a. die Schlossanlagen von Nymphenburg und Schleißheim.

Wolfgang G. Locher

MAX VON PETTENKOFER

Pionier der wissenschaftlichen Hygiene

160 S., 26 Abb., kart.

ISBN 978-3-7917-2978-7, € (D) 12,95

AUCH ALS EBOOK

Max von Pettenkofer (1818–1901) gehörte zur wissenschaftlichen Elite des 19. Jahrhunderts. Als Forscher hat er den Ruf Münchens und Bayerns als Wissenschaftsstandort mitbegründet. Er befasste sich mit Chemie, Pharmazie über die Stoffwechselforschung bis zur Epidemiologie. Sein Fokus lag jedoch auf der Hygiene. Als Vordenker in der Gesundheitspflege schuf er Trends in Public Health.

JORDAN UTZ UND DER STADTBRAND 1393

»Das Strawbing halbes von wildem fewer verpran.
Als man zalt 1393, an sand Veytes tag, ist Strawbing halbs verprunnen von wildem fewer ...
Da geschach ein wunderlich sach, dy nicht zu sweygen ist. Es was in der selben stat ein alter wirdiger man, Jordan Uecz genant. Der saczt in eyn fenster seines grossen haws bey dem turen mitten in der stat gegen suden, das mit schindeln gedekcht was, zu der zeyt, und dy stat pran, sand Peter des zwelfpoten pilde, den er albeg in grossen eren het, und enpfalch das haws dem fürsten der zwelfpoten und lye darinn sein pild und gie selbs trinkchen gein dem met. Da geschach das, da der gancz halb tayl in der stat verpran, da belayb das haws, mitten im fewer, das im nichtz gewarr.«
(Andreas von Regensburg [= Andreas Müllner von Reichenbach], Chronik von den Fürsten zu Bayern, 1425/28)
Bei dem Haus, das auf wundersame Weise dem Stadtbrand widerstand, handelt es sich um das 1910 von der Konditorenfamilie Krönner erworbene Anwesen, Theresienplatz 1. Im Friedhof St. Peter, in der Totentanz-Kapelle, steht der ergreifende Grabstein für die 1368 in jungen Jahren verstorbene Ehefrau des Jordan Utz, Anna Ulein. Das Grabmal ist nicht nur eines der ältesten Straubings, sondern zeigt auch die erste Abbildung einer Straubingerin überhaupt.

tenklöster und insbesondere der Adeligen, die Sitz und Stimme in der »Landschaft«, der politischen Vertretung der niederbayerischen Untertanen, hatten. Für die »Fürsten in der Ferne« (Dick de Boer) bedeutete ihr väterliches Stammland eine wichtige Finanzquelle und eine südliche Machtbasis nah dem in Prag residierenden deutschen König. Sie sicherten die Grenzen, bestätigten die Rechte der Städte, schützten den Besitz der Bürger, unterstützten den wirtschaftlichen Aufschwung. Sie trugen zwar gemeinsame Landfriedens-Vereinbarungen und Münzordnungen für Bayern mit, hielten jedoch das Herzogtum Straubing aus den blutigen Querelen der wittelsbachischen Vettern heraus, die bei der dritten bayerischen Landesteilung des Jahres 1392 zwischen den Herzögen von München, Landshut und Ingolstadt entstanden.

Herzogsschloss an der Donau mit Fürstentrakt und Salzstadel sowie der Karmelitenkirche

Haupt- und Residenzstadt Straubing

Besonders förderten die Herzöge *Straubing, unser hauptstat unsers landes ze Beyrn*. Die Stadt gewann ihre bis heute charakteristische Gestalt, die Anfänge fast aller bedeutenden Baudenkmäler fielen in diese Periode. Albrecht I. gab 1356 das mächtige Herzogsschloss in Auftrag, das zugleich wehrhafte Residenz und Verwaltungszentrale wurde. Mitte 1368 errichteten die Beschuhten Karmeliten auf Bitten Albrechts I. in Straubing ein *clösterl*. Bis heute sind die Karmeliten in Straubing seelsorgerisch tätig, wenn auch 2016 der Wechsel von der deutschen auf eine indische Ordensprovinz erfolgte. Die Karmelitenkirche, ein gotischer Hallenbau, birgt einen der wertvollsten Kunstschätze Straubings, das rotmarmorne Hochgrab des 1397 verstorbenen Herzogs Albrecht II. Es ist das einzige erhaltene Grab eines Vertreters der Wittelsbacherdynastie Straubing-Holland. »Stadtcharakter« erhielt Straubing auch durch die von Albrecht I. 1376 angeordnete Bepflasterung der Straßen, *daz wir an gesechen haben grozzen ungemach, müe und arbait, der von unflat und harbez* (= Dreck) *wegen alle zeit in unsrer Stat zw Strawbing vor her gewesen ist und noch ist, und sein überain worden …, daz wir mainen und wellen unser Stat zu Strawbing uber pflastern* … Die »Steinergasse«, die als Teil der »wichtigsten Straße Bayerns von Schongau über München und Landshut … in Richtung Böhmen« (Werner Schäfer) führte, wurde so eine der ersten gepflasterten Straßen Süddeutschlands.

Welche wirtschaftliche Blüte die Zeit des Herzogtums Straubing-Holland für die Bürger darstellte, beweist der Neubau der Kirche St. Jakob im beginnenden 15. Jahrhundert. Gefördert von der Bürgerschaft und vom Augsburger Domkapitel entwarf vermutlich Meister Hans von Burghausen eine mächtige dreischiffige Hallenkirche. Zur gleichen Zeit stifteten und finanzierten die Bürger nach einem Stadtbrand die gotische Backsteinkirche St. Veit, bauten weiter am Stadtturm, ein selbstbewusstes Wahrzeichen inmitten des Marktplatzes, und erwarben das Rathaus.

Im Jahr 1387, mit dem Antritt des Statthalteramtes durch Herzog Albrecht II., den zweitältesten Sohn Albrechts, erhob sich Straubing für ein Jahrzehnt zu einer wahrhaften Residenz. Aus den Landschreiberrechnungen wird das höfische Leben ersichtlich. Die Schlossköche kauften ausgesuchte Speisen und Getränke, zum Beispiel *welschen* Wein oder kostbare Gewürze wie Pfeffer, Ingwer und Safran. Fahrende Leute, Schauspieler und Musikanten sorgten für Unterhaltung; einheimische Pauker, Lautenspieler und Fiedler traten ebenso im Herzogsschloss auf wie Sänger vom deutschen Königshof in Prag, Herolde aus Wien oder holländische Pfeifer. Auf der Hagenweide übten Fürsten, Adelige, Patrizier und Bürger einen holländischen Brauch aus: Mit Pfeil und Bogen bzw. Armbrust schossen sie auf einen hölzernen oder tönernen Vogel, der auf einem großen Holzgestell saß.

Für seinen Vater erledigte Albrecht auch wichtige diplomatische Aufgaben, zum Beispiel in Prag und Wien. 1396 stand er seinem Vater und Bruder im Kampf gegen die aufsässigen Friesen bei. Auf der Heimreise erlag Albrecht II. am 21. Januar 1397 einer Lungenentzündung: … *und was ein junger, grosser, herlich man, in gütikait gros ze prüfen*, wie ihn ein zeitgenössischer Berichterstatter, der Augustinerchorherr Andreas von Regensburg, in seiner Chronik »der Fürsten zu Bayern« rühmte.

Sieben Jahre später, am 13. Dezember 1404, starb auch sein Vater Herzog Albrecht I. Mit seinem Tod spaltete sich das Herzogtum Bayern-Straubing-Holland auf: In Straubing trat der jüngste Sohn Johann III. als neuer Herrscher auf. Die nördlichen Territorien fielen Albrechts ältestem Sohn Herzog Wilhelm II. zu, der jedoch schon 1417 verstarb. Er hatte seine Tochter Jakobäa als rechtmäßige Erbin eingesetzt, wogegen Jakobäas Onkel Johann III. Einspruch erhob. Es brach ein blutiger Erbfolgekrieg aus, der mit der Ermordung Johanns am Dreikönigstag 1425 endete. Mit ihm starb die Wittelsbacherdynastie Straubing-Holland im Mannesstamme aus. Als Nachfolger in Hennegau, Holland, Seeland und Friesland hatte Johann seinen Neffen Philipp von Burgund eingesetzt, gegen den sich Jakobäa, die »selbstbewusste, aber glücklose Fürstin« (Theodor Straub), nicht behaupten konnte. *Jacoba van Beieren*, wie sie in den Niederlanden bis heute heißt, verzichtete schließlich auf ihre Herrschaftsrechte. Holland, Seeland, Friesland und Hennegau gingen im Reich der burgundischen Herzöge auf. Nach Bayern und Straubing war Jakobäa übrigens nie gekommen.

Die wittelsbachischen Vettern Herzog Ludwig VII. der Bärtige von Bayern-Ingolstadt, Herzog Heinrich XVI. der Reiche von Bayern-Landshut sowie die Herzöge Wilhelm III. und Ernst I. von Bayern-München interessierte die Nachfolge im Norden nicht, um das niederbayerische Gebiet aber entbrannte ein heftiger Streit. Auch der Habsburgerherzog Albrecht von Österreich, Neffe des verstorbenen Herzogs Johann III., erhob Anspruch auf ein Erbteil. Die Auseinandersetzungen erhielten durch die böhmischen Hussiten, die nach der Verbrennung des Reformators Jan Hus auf dem Konstanzer Konzil im Juli 1415 blutige Rache übten und immer wieder in Niederbayern einfielen, gesteigerte Brisanz. Am 26. April 1429 bestimmte König Sigismund in seinem Schiedsspruch von Preßburg (heute Bratislava), dass das Erbe unter den vier Wittelsbacher Herzögen zu gleichen Teilen verlost werden solle. Hierbei erhielt Herzog Wilhelm u. a. Kelheim, Dietfurt, Eschlkam, Furth, Kötzting, Cham und Deggendorf. Die Stadt Straubing, dazu Mitterfels, Bogen, Haidau, der Herzogshof und die Münze zu Regensburg

Gotischer Epitaph der Agnes Bernauer in der Bernauer-Kapelle im Friedhof St. Peter (Detail).

DIE TRAGISCHE LIEBESGESCHICHTE DER AGNES BERNAUER

Viel weiß man nicht über das Leben dieser Frau. Der Name *pernawerin* taucht zum ersten Mal auf einer Steuerliste des Münchner Hofgesindes auf, die wohl um 1428 entstand. Vier Jahre später ist in einer Kammerrechnung der Stadt München wieder von einer *Bernawerin* die Rede; sie ist nun offensichtlich eine am bayerischen Herzogshof lebende, einflussreiche Frau.

Im Jahr 1433 wurde Albrecht Statthalter in Straubing. Die in München angefeindete Bernauerin folgte ihm in das Herzogsschloss. Die selbstständige Politik, die Fehden mit der Ritterschaft, eine grausame Verfolgung der Straubinger Juden, die kostspielige Hofhaltung des selbstbewussten Statthalters Albrecht, nicht zuletzt aber auch die »Affäre Bernauer« erregten den Unwillen seines Vaters, des Herzogs Ernst. Er sah die Erbfolge, ja sogar die Dynastie gefährdet, Ehre und Würde angetastet, da *sein sun beladen sey gewesen mit einem poesn weib, ein schand und smach*. Auf einem Geheimtreffen von *fursten und hern* in Kelheim wurde vermutlich beschlossen, dass Agnes aus Gründen der Staats-

räson beseitigt werden müsse. Während Albrecht einer Jagdeinladung seines Landshuter Verwandten Heinrich folgte, wurde sie am 12. Oktober 1435 in Straubing in der Donau ertränkt bzw., wie es der Münchner Stadtschreiber ausdrückte, *gen hymel gefertigt*.
Im Frühjahr 1436 versöhnten sich Herzog Ernst und sein einziger Sohn Albrecht. Ernst stiftete zum Gedenken an Agnes eine Kapelle auf dem Straubinger Friedhof St. Peter. Dort befindet sich auch der gotische Gedenkstein für die Bernauerin, die auf eigenen Wunsch aber wahrscheinlich im Karmelitenkloster ihre letzte Ruhe fand. Das Bernauer-Epitaph aus Rotmarmor gehört zu den bedeutendsten Grabdenkmälern Straubings. Albrecht feierte bereits im November 1436 Hochzeit mit einer ebenbürtigen Gemahlin, mit Anna, Herzogstochter von Braunschweig. Der Münchner Stadtschreiber kommentierte erleichtert: *des sull wir alle fro sein, das wir nit wider ain Bernawerin gewunnen haben*.
In den Jahren und Jahrzehnten nach Agnes' Tod verdichteten sich die Berichte und Gerüchte: Sie soll eine Baderstochter gewesen sein, die Albrecht während eines Turniers in Augsburg kennen gelernt und heimlich geheiratet habe. Als Badhur' und Hexe, als Duchessa, Engel und Märtyrerin, als Liebende und Leidende beschäftigt Agnes Bernauer Historiker, Dichter und Künstler bis heute. Straßen und Schulen, Torten und Pralinen, Schiffe und Züge sind nach ihr benannt.
Alle vier Jahre – im Turnus sich mit dem zweiten großen niederbayerischen Mittelalterfestspiel, der »Landshuter Hochzeit« abwechselnd – finden im Hof des Straubinger Schlosses die 1935 begründeten Agnes-Bernauer-Festspiele statt.

gingen an Herzog Ernst. Der *Tailzedl* vom 9. Juli 1429 hielt das Ergebnis fest: *Nota wie man ainen tail an dem Nyderlannd in Beyrn in vier tail gemacht hat*. Die territoriale Zersplitterung Bayerns hatte damit ihren Höhepunkt erreicht.

Straubing unter den Herzögen von Bayern-München

Die herzoglichen Brüder Ernst und Wilhelm beschlossen, das Straubinger Erbe gemeinsam zu verwalten. So wurde Strau-

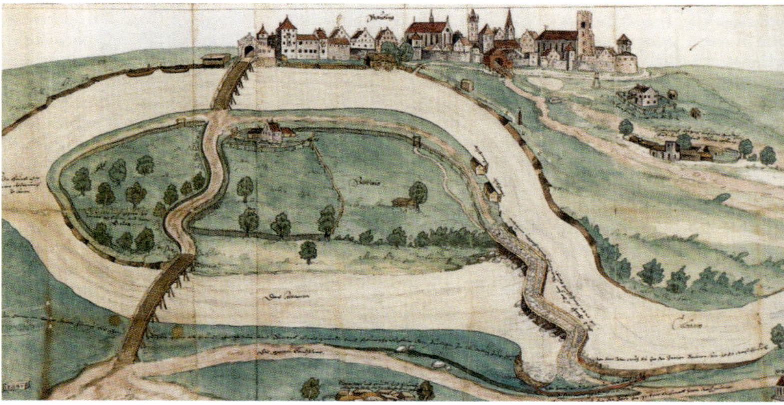

Eine der frühesten Ansichten Straubings zeigt die Stadt von Norden. Im Vordergrund ist die Bschlacht abgebildet, die seit etwa 1480 die Donau in einem Bogen zur Stadt hin leitete. – Federzeichnung von Michael Eresinger, angefertigt 1577.

bing – von der oberbayerischen Residenzstadt München aus gesehen – *die haubtstat in vnnserm Niderlannde* bzw. im *Straubinger Ländchen*. Die verheerenden Einfälle der Hussiten in die Grenzgebiete brachten 1430 sogar einen Reichstag nach Straubing, auf dem König Sigismund mit seinen Fürsten über Abwehrmaßnahmen beriet.

Drei Jahre später zog Herzog Albrecht III., Sohn Herzogs Ernst, als Statthalter in das Herzogsschloss ein. Mit ihm kam seine Geliebte, vermutlich sogar seine heimliche Ehefrau, Agnes Bernauer, nach Straubing. Die unstandesgemäße »Bernauerin«, von der sich Albrecht nicht trennen wollte, wurde auf Betreiben Herzogs Ernst 1435 in der Donau ertränkt.

Mit der Geschichte der Bernauerin endet im Grunde auch die Bedeutung Straubings und seines Schlosses als herzogliche Residenz. Nur noch gelegentlich hielten sich die Landes- und Stadtherren hier auf, zu wichtigen politischen Treffen oder zur Jagd in den Auwäldern. So verweist der Name »Gstütt« für die Insel zwischen alter und neuer Donau auf einen herzoglichen Pferdehof. Bewahren konnte die Stadt aber ihre herausragende Funktion als Verwaltungszentrale und »regionale Hauptstadt

DER DRECHSLER JAKOB SANDTNER UND SEIN STADTMODELL

Der Straubinger Drechsler Jakob Sandtner hat 1568 in einem Modell aus Lindenholz seine Vaterstadt *in grundt gelegt* (Maßstab ca. 1:1000, Größe 81:64 cm). Der kunstsinnige Herzog Albrecht V. gab daraufhin die *Formierung* oder *Abkonterfeiung* der anderen Rentamts- und Hauptstädte München, Landshut, Ingolstadt und Burghausen in Auftrag. Nach dem Tod seines herzoglichen Gönners verarmte Sandtner, er zog mit seiner Familie von München nach Ingolstadt und ließ sich hier laut Ratsbuch von 1580 als *Firneis Sieder* nieder. Es ist wohl das letzte Lebenszeichen Sandtners.
Seine Meisterwerke, die auf einer exakten Vermessung der Gebäude, Straßen und Plätze beruhen, stehen zusammen mit Philip Apians Bairischer Landtafel am Anfang der wissenschaftlichen Topographie Bayerns. Für die Geschichte dieser Städte stellen sie einen außerordentlichen Wert dar, sind unverzichtbares »Nachschlagewerk« für Denkmalpfleger, Bauforscher, Historiker, Kunsthistoriker, Stadtplaner. Die Originale sind im Bayerischen Nationalmuseum in München zu besichtigen; das Straubinger Gäubodenmuseum besitzt eine 1883 von dem Zimmerer Andreas Heigl angefertigte, leicht ergänzte Kopie. Auch im Deutschen Historischen Museum in Berlin steht eine Rekonstruktion der Straubinger Miniatur als Beispiel für die planmäßigen wittelsbachischen Gründungsstädte. Seit 1997 trägt die Staatliche Knaben-Realschule in Straubing den Namen des begabten Kunsthandwerkers Jakob Sandtner.

des Münchener Niederlandes« (Hubert Freilinger), in der zum Beispiel ein Hofgericht tagte und die Landstände zusammentraten. Dass die Herzöge von Bayern-München ihrer Stadt Straubing weiterhin eine wichtige strategische und politische Bedeutung beimaßen, zeigt nicht zuletzt der Befehl Herzog Albrechts IV. von 1474 zur besseren Befestigung der Stadt, da sie *zu der were nit so notturfficlich versehen und zuegericht sej als annder unnser Stet und Slos.*

Die Straubinger verstärkten die alte Ummauerung, legten Zwingeranlagen und einen zweiten Mauerring mit Schalen-

Stadtmodell von Jakob Sandtner in der Kopie von Andreas Heigl, Detail mit Stadtturm und Rathaus, 1568/1883.

türmen vor. Das Handwerkerviertel Unterm Rain wurde in die Befestigung miteinbezogen und mit dem Pulverturm eine mächtige Eckbastion geschaffen. Damals sperrte man auch durch die *Bschlacht*, einem Damm aus Holzpfählen und Steinblöcken, den Hauptarm der Donau ab und leitete ihn in einer Schleife an die Stadt und das Herzogsschloss heran; diese gewaltige Maßnahme verlieh der Nordostecke der Stadt besseren Schutz, erleichterte die Überwachung der Schifffahrt und den Warenumschlag. Wie sich Straubing mit seiner Befestigung im Übergang vom Mittelalter zur Neuzeit präsentierte, zeigt das Stadtmodell des Straubinger Drechslermeisters Jakob Sandtner aus dem Jahr 1568.

Stadt zwischen Krieg und Frieden: Straubing in der Frühen Neuzeit

Straubing im 16., 17. und 18. Jahrhundert bewegt sich in einer Zeit der Gegensätze. Einerseits erreicht die Bürgerschaft den höchsten Grad ihrer Selbstständigkeit. 1536 wird sie frei von der Grundherrschaft des Augsburger Domkapitels – die Wittelsbacher Herzöge Wilhelm IV. und Ludwig X. hatten die Grundrechte von den Domherren erworben und an die Stadt weiterverkauft. Im Rathaus, dem Symbol städtischer Selbstverwaltung, demonstrieren die Bürger diesen Schritt mit einer Umgestaltung im Renaissancestil, von der noch die Arkaden des Innenhofes und eine prächtige Eichenholztür zeugen. Ganz im humanistischen Zeitgeist, selbstbewusst, aber auch selbstkritisch verpflichten sich die Stadtväter zur unbedingten Gerechtigkeit, wie aus einer damals im Rathaus angebrachten, heute im Gäubodenmuseum aufbewahrten lateinischen Inschrifttafel ersichtlich wird: … *Fern sei von hier verderblicher Geiz, Bestechung und jeder, welcher Verkehrtes erstrebt, jeder, der Schädliches plant … Streng bestrafend den Frevler, gewähren wir Schutz dem Gerechten und die Bürgerschaft lebt friedlich im Schirme des Rechts.* 1602 erhält die Stadt dann auch die bisher dem herzoglichen Gericht vorbehaltene Blutgerichtsbarkeit und hat damit in der Rechtsprechung für eine landesherrliche Stadt die höchste Stufe erklommen. Sie ist nun *den Hauptstätten in Bayrn zugesellet und gleich geschätzet.*

Andererseits werden die Stadt und ihre Einwohnerschaft immer wieder in die außenpolitischen Eskapaden der Wittelsbacher hineingezogen, müssen in ihrer Abhängigkeit vom Stadtherrn zu Kriegskosten beitragen, Belagerungen erdulden. Kriegs- und Friedenszeiten wechseln ebenso wie damit verbunden wirtschaftlicher Ab- und Aufschwung. Tief treffen die Stadt die Glaubensstreitigkeiten zwischen Katholizismus und Protestantismus. Reformation und Gegenreformation schlagen einerseits gesellschaftliche Wunden und schaffen andererseits einzigartige Bau- und Kunstwerke. Unangefochten aber bleibt

Straubing für die Herzöge wichtigster Stützpunkt in ihrem »Unterland«, im nördlichen Niederbayern.

Rentmeisteramt Straubing

Albrecht III. wurde nach der »Affäre Bernauer« ein »würdiger« Fürst, so wie es sein Vater wollte. Mit der Welfenprinzessin Anna von Braunschweig sorgte er für das Weiterbestehen der wittelsbachischen Dynastie Bayern-München, die nach dem Aussterben der Ingolstädter und Landshuter Linien und dem Landshuter Erbfolgekrieg über das nun wieder geeinte Herzogtum Bayern herrschte. Mit dem Primogeniturgesetz von 1506, nach dem nur die erstgeborenen Söhne erbberechtigt waren, verhinderte Albrecht IV. eine künftige Aufsplitterung Bayerns. Und er teilte das Land in vier Verwaltungsbezirke, in die Rent- bzw. Rentmeisterämter München, Landshut, Burghausen und Straubing. Bis zum beginnenden 19. Jahrhundert war Straubing somit politischer und wirtschaftlicher Mittelpunkt eines großen Teils Niederbayerns. Es fungierte als »Haupt- und Regierungsstadt« im »unteren Niederbayern«, im Rentamtsbezirk Straubing, der das Donaugebiet von Kelheim bis Deggendorf sowie den gesamten Bayerischen Wald umfasste. Herz und Standort dieser Verwaltung war das Straubinger Herzogsschloss, in dem der Rentmeister die Finanzen kontrollierte, der Kastner die Getreideabgaben sammelte, der Mautner und Zöllner seine Einnahmen zählte, der Hallbeamte das Salz lagerte und die Regierungsräte tagten. Die herausgehobene Stellung des Viztums bzw. des Regierungskanzlers, des höchsten Repräsentanten des Herzogs, zeigte sich spätestens seit der Mitte des 18. Jahrhunderts auch im Äußeren seines Wohn- und Amtsgebäudes, dem die bekannten Münchner Hofkünstler Joseph Effner und Johann Gunetzrhainer eine kunstvolle Rokoko-Fassade gaben. Die »Regierungsstadt« schlug sich zudem in der hohen Zahl der Adligen und Staatsdiener nieder, die in Straubing wohnten. Nach der »Volks- und Viehzählung« von 1793/94 lebten insgesamt 5428 Menschen in 942 Familien in Straubing, 657 Familien waren Bürgers-, 161 Bauern- und 124 Adels- und Beamtenfamilien.

ZEITZEUGE ///////////////

KAISER KARL V. LOBT STRAUBING

»Die Fruchtbarkeit Gesundheit und andere Eygenschafften deß Orths betreffend kann unnd soll zu derer Erkandtnuß genug seyn Kayser Carls deß Fünfften eines erfahrnisten und dichtigisten Zeugens dessen hoch schätzbares Urtheil Anno 1532. darvon grosses Lob gegeben in dem Se. Maiestät gegen denen Abgeordneten von der Statt sich allergnädigst vernemmen lassen dass wegen deß schönen und weiten Felds gesunden Luffts und Sauberkeit deß Orths Ihme im gantzen Teutschland nicht bald eine Statt besser als Straubing gefallen.«

(Michael Wening, Historico-Topographica Descriptio ... Das Rennt-Ambt Straubing, München 1726 – nach einem Bericht des Straubinger Rats von 1698)

Straubing und die Reformation

Die Aufwertung Straubings durch den Herzog hinderte die Bürger nicht daran, eigenständige Wege zu gehen – insbesondere auf dem Gebiete der Religion. Im beginnenden 16. Jahrhundert häuften sich die Klagen über die Missstände in der Kirche, über die Herrschsucht, Geldgier und Genusssucht der Päpste, Kleriker und Mönche. Martin Luther, Theologieprofessor an der Universität in Wittenberg, prangerte diese Missstände vehement an. Er bestritt den Primat des Papstes und der Konzilien, stellte das Wort Gottes, die Bibel, in den Mittelpunkt, predigte die unmittelbare Glaubensbeziehung zwischen Mensch und Gott, wurde zum Reformator, zum Erneuerer von Kirche und Theologie. Auch in Straubing fielen die Lehren Luthers auf fruchtbaren Boden. Besonders die angesehenen und begüterten Bürger, darunter die meisten Ratsfamilien, bekannten sich zum Protestantismus, hatte man doch auch hier genügend Grund, sich nach einer religiösen Erneuerung zu sehnen – so waren Straubinger Priester, die sich eine Geliebte hielten, keine Seltenheit. Man weigerte sich schließlich, an der traditionellen prunkvollen Donnerstagsprozession in der Kirche St. Jakob teilzunehmen, verließ die Messen demonstrativ vor der Wandlung,

Straubing von Süden. – Detail eines Burgfriedensplans von Michael Eresinger, 1609.

beichtete nicht mehr, verspottete die Priester, las lutherische Bücher. Straubinger Studenten immatrikulierten sich an der Universität Wittenberg, Straubinger Priester begannen im Sinne Luthers zu predigen und sich zum Abendmahl in beiderlei Gestalt zu bekennen. Unterstützt wurden sie von einem bedeutenden evangelischen Theologen dieser Zeit, Thomas Kirchmair, genannt Naogeorgus. Er führte als Pfarrer in Sachsen und Württemberg, als Verfasser zahlreicher Dramen und Dichtungen einen eigenwilligen und unermüdlichen Kampf um die reine evangelische Wahrheit und widmete seiner Geburtsstadt Straubing eines seiner Werke, *daß ich meine mir so teure Heimat nicht vergessen habe und gerne bereit bin, ihr auch in größeren Dingen zu dienen.*

Die »aufmüpfige Stadt«

Anfang 1558 war die religiöse Situation in Straubing so brisant, dass es *gar khein pfarrer noch prediger* mehr gab, der den Katholizismus vertrat. Der bayerische Herzog und Stadtherr Albrecht V. sah sich gezwungen, den berühmten Prediger und Jesuitenpater Petrus Canisius in seine *aufmüpfige Stadt* zu schicken. Sechs Wochen lang predigte Canisius hier, um den rechten, den katholischen Glauben wiederherzustellen. Er klagte hierbei vor allem über die Uneinsichtigkeit der Ratsherren, zu denen unter anderem auch Ulrich Schmidl gehörte, ein Straubinger Kaufmann, der als Conquistador zwanzig Jahre lang durch Argentinien und Paraguay gezogen, deren Hauptstädte Buenos Aires und Asuncíon mitgegründet und durch die Niederschrift seiner Erlebnisse zum ersten Geschichtsschreiber dieser Länder geworden war.

Der Augsburger Religionsfriede von 1555 hatte zwar die Anerkennung der lutherischen Lehre durch Kaiser und Reich gebracht, aber mit einer entscheidenden Einschränkung: Die herrschenden Fürsten durften den Glauben ihrer Untertanen bestimmen nach dem Grundsatz »cuius regio, eius religio« – »wes das Land, des die Religion«. Da sich die Situation in Straubing nicht besserte, im Gegenteil *der abfal bei Inen von tag zue tag grösser* wurde, nahm am 15. Juni 1562 der bayerische Herzog von seinem Recht als Stadtherr Gebrauch und stellte die Straubinger Protestanten vor die Wahl, zum Katholizismus zurückzukehren oder innerhalb von acht Tagen die Stadt zu verlassen. Ulrich Schmidl und acht Ratskollegen wanderten daher in die benachbarte Freie Reichsstadt Regensburg aus, die bereits zwanzig Jahre vorher öffentlich zur Reformation übergetreten war. 1570 wurden weitere zwanzig Familien *der Religion halber ausgschafft*. Und erst Jahrhunderte später, nach dem bayerischen Religionsedikt von 1818, das Protestanten und Katholiken rechtlich gleichstellte, erhielten in Straubing Protestanten wieder Zugang zur Stadt.

Gegenreformatorische Maßnahmen

In Straubing griffen die strengen gegenreformatischen Maßnahmen des Herzogs Albrecht V., zu denen auch die Verlegung des Chorherrenstiftes St. Tiburtius von Pfaffmünster nach Straubing-St. Jakob im Jahr 1581 gehörte. Die kirchliche Struktur wurde damit auf eine neue, effektive Basis gestellt: Neben St. Peter, der bisher einzigen Pfarrei, die weiterhin für die »Vorstädte« und Altstadt zuständig war und das Beerdigungsrecht behielt, übte nun St. Jakob die Pfarrrechte für die Neustadt aus. Der Vertiefung des katholischen Glaubens in der Bevölkerung dienten nicht zuletzt aber auch neue Ordensniederlassungen: Seit 1614 lebten die Kapuziner in franziskanischem Geist asketische Frömmigkeit vor, seit 1631 sorgten

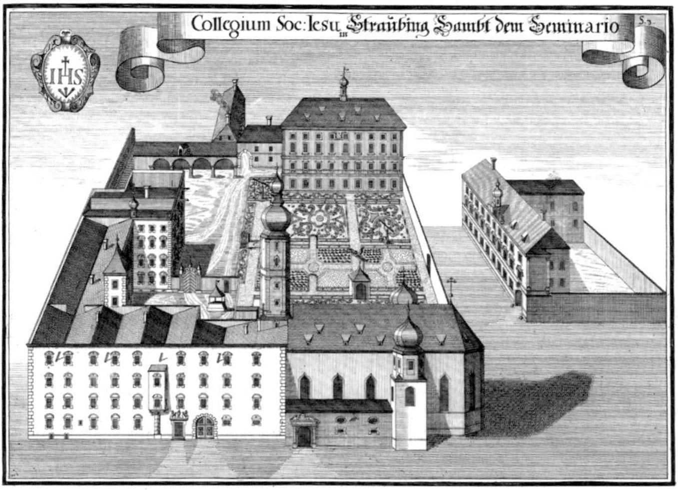

Niederlassung der Jesuiten mit Kolleggebäude (heute Polizeidirektion), Kirche Aufnahme Mariens in den Himmel, Gymnasium (im Hintergrund, 1780 abgebrannt) und Seminargebäude (rechts im Bild, 1978 abgerissen). – Beschreibung des Rentamts Straubing von Michael Wening, 1726.

sich die Jesuiten nicht nur um die Ausbildung der männlichen Jugend, sondern dienten gemäß ihren Ordensregeln auch *zu mehrer Fortpflanzung unser wahren katholischen Religion*. Bewusst richteten sie sich am oberen Stadtplatz mit einem Kolleg und einem Gymnasium ein, das bis heute als Johannes-Turmair-Gymnasium existiert. Aber auch Persönlichkeiten wie der Apotheker und Bürgermeister Simon Höller trugen dazu bei, dass sich Straubing zur typisch altbayerisch-katholischen Stadt entwickelte, deren barocke Kirchenräume Diesseits und Jenseits in Pracht verbinden. So ist nicht zuletzt auch die 1642 geschaffene, überbordende Hauskapelle Höllers in seinem Anwesen am Ludwigsplatz 32 ein Zeichen, dass die *große Gefahr der* (= für die) *Catholischen Religion, darin ich geboren, leben und sterben will*, überwunden wurde. Zuvor aber wurde Straubing – und mit der Stadt ihr Bürger Höller – noch in die große Politik hineingezogen.

Im Dreißigjährigen Krieg

Die Auseinandersetzung um den »rechten Glauben« verband und vermischte sich mit dem Streben der Großmächte Europas nach mehr Macht oder Unabhängigkeit und war fast überall und zumeist grausam spürbar. Der Dreißigjährige Krieg (1618–1648) verschonte auch Niederbayern und Straubing nicht. Am 19. November 1633 erschien der in schwedisch-protestantischen Diensten stehende Herzog Bernhard von Weimar, nachdem er Regensburg überraschend eingenommen hatte, mit 6000 Mann vor Straubing. Die Bürger wehrten sich zwar tapfer, ergaben sich aber vier Tage später der Übermacht.

ZEITZEUGE

DER MEISTERSCHÜTZE SIMON HÖLLER

»Obwohl ich mich hätte an einem sicheren Ort salvieren [= in Sicherheit bringen] können, bin ich doch zur Animierung [= Ermutigung] der ganzen Bürgerschaft allzeit in der höchsten Gefahr zu Straubing verblieben, [habe] unter der Belagerung im November 1633 mit Gottes Hilfe 34(!) [Feinde], darunter den Obrist Schmittler neben mehr vornehmen Offizieren totgeschossen, darauf aber, als Herzog Bernhard [von Weimar] die Stadt einbekommen, ich demselben verraten worden [bin], der mich dann sogleich in Arrest hat nehmen und ich den Kopf hätte lassen müssen, was aber durch die Intercession [= Vermittlung] der Herrn Capuziner und durch meine Dienste, da der Feind keinen Medicus mehr hatte, verhindert [wurde]. Herzog Bernhard wollte mich zu seinem Kammerdiener machen und mir eine Compagnie Soldaten geben, so ich aber alles wegen schuldigster Treue, mit der ich meinem Landesfürsten untertänig zugetan bin, insonderheit aber wegen großer Gefahr der Catholischen Religion, darin ich geboren, leben und sterben will, recusiert [= abgelehnt] und ausgeschlagen habe.«
(Simon Höller an Kurfürst Ferdinand Maria, 1653)

In den folgenden Monaten der schwedischen Besatzung mussten die Einwohner nicht nur 800 Soldaten beherbergen und unterhalten, sondern auch eine immense Summe von 75.000 Gulden Lösegeld leisten zum Schutz vor *Brandt, Plünderung* und zur *Salvierung* ihres Lebens. Nur mit Mühe gelang es der Bürgerschaft, die geforderte Summe aufzubringen, sie lieferten ihr Bargeld und ihren Schmuck, das Silbergeschirr des Straubinger Rates, Tuch und Kirchenornat ab und nahmen Darlehen auf. Trotzdem kam es zu Übergriffen, Zerstörungen und Raubzügen der Soldaten. So hat sich im Gäubodenmuseum ein Ecce-Homo-Gemälde aus einem Privathaus erhalten, das ein schwedischer Besatzer mit zwölf Säbelstichen zerfetzte; es wurde nach dem Abzug der Truppen renoviert und mit der Inschrift versehen: *Die großen zwölf Wunden hat dieses unseres Herrn Bild Anno 1633 von den Weimarischen Feindeszeiten allhier zu Straubing empfangen*. Im Winter 1633/1634 lieferten sich schwedische und kaiserlich-kurfürstliche Truppen in Niederbayern immer wieder Gefechte, die Dörfer und ihre Bewohner litten unter Durchmärschen, Plünderungen, Brandschatzungen, Misshandlungen, Einquartierungen beider Seiten.

Das Wüten der Pest

Am 1. April 1634 befreiten kaiserliche und bayerische Truppen unter Führung des obersten Feldherrn der Katholischen Liga, Johann Graf von Aldringen, und des Reitergenerals Jan von Werth die Stadt Straubing. Noch heute zeugt in der Sebastians-Kapelle der Kirche St. Jakob ein zeitgenössisches Bild, das den »bayerischen Reiterhelden« Jan von Werth zeigt, von der Dankbarkeit und Erleichterung der Straubinger Bürgerschaft über die Rettung. Straubing blieb zwar künftig von diesem Krieg weitgehend verschont, auch wenn gelegentlich schwedische Angriffe drohten, erlebte dafür aber eine andere, furchtbare Plage: *Offensichtlich an der Pest starben* …, vermerkte der Stadtpfarrer von St. Jakob im Sommer 1634 in seinem Totenbuch, in das er immer mehr Verstorbene eintragen musste: im Juni 68, im Juli 97, im August 159. Die Seuche, die in ganz Bayern wütete, forderte von den 4000 bis 4500 Einwohnern etwa 1800 Tote, darunter manche der Straubinger Kapuziner, Jesuiten und Karmeliten, die sich aufopferungsvoll der Kranken angenommen hatten. Auch Simon Höller erwies sich erneut als Helfer, als er in den *leidigen Pestzeiten, als nicht ein einziger Medicus in Straubing gewesen, männiglich* seine medizinischen Kenntnisse einsetzte. Vor weiteren Gefahren schützen sollte wohl auch der Stadtpatron St. Jakobus,

Die Figuren der Ecclesia und Bavaria am Chorscheitel der Kirche St. Veit, geschaffen von Hanns Georg Fux um 1702/1703.

den man 1644 bei der Neuerrichtung des Feuerlöschbrunnes am unteren Stadtplatz als Brunnenfigur setzte.

Blühendes Glaubensleben

Ein halbes Jahrhundert Frieden war der Stadt vergönnt, in dem das wirtschaftliche und religiöse Leben wieder aufblühte, vor allem sichtbar in den zahlreichen Umgestaltungen kirchlicher Gebäude. Als erste gaben die Jesuiten ihrer gotischen Frauenkapelle ein barockes Gepräge, schufen einen bühnenhaften Saalraum, ein *theatrum sacrum*, in dem die ganze Welt des liturgischen Kirchenjahrs beeindruckend und wirksam zelebriert werden konnte. Hier förderten sie auch als wirksames gegenreformatorisches Mittel eifrig die Verehrung ihrer Ordensheiligen. Zudem stellten sie 1651 eine Kopie des im heute belgischen Foy-Notre-Dame aufgefundenen »Gnadenbildes der Seligen Jungfrau von Foya« in ihrer Kirche auf, die insbesondere »an durch Unglauben gefährdeten Orten« helfen sollte (Alfons Huber); fortan wurden deren Wundertätigkeit, sei es die Befreiung von Fischgräten oder von Nierensteinen, von Fieber oder *Schmerzen in den Schamteilen* nicht nur öffentlich proklamiert, sondern in der »Historia Collegii Straubingani« auch sorgsam notiert. Zehn Jahre später zogen die Karmeliten nach, denen das aus Heilbronn stammende Gnadenbild »Maria von den Nesseln« anvertraut wurde. Nicht zuletzt die rege Wallfahrt, die sich nun aus Stadt, Land und Wald zur »Nesselmadonna« entwickelte, führte zu einem Aufschwung des Klosters: Es wurde umgebaut und erweitert, die Kirche Hl. Geist, die als Bettelordenskirche nur einen Dachreiter besitzen durfte, erhielt einen barocken Turm vorgesetzt, der bekannte Baumeister Wolfgang Dientzenhofer leitete die Umgestaltung des Kircheninnenraums.

Auch die gotische Kirche St. Veit wollten die Bürger im neuen Kunstgeschmack der Zeit erleben: Hier vermitteln die kunstvoll stuckierten Figuren der Ecclesia und Bavaria am Chorscheitel, die der Straubinger Meister Hanns Georg Fux schuf, eindringlich, dass katholische Kirche und das Kurfürs-

HINTERGRUND

MARIA RUFT: DIE WALLFAHRTEN SOSSAU UND FRAUENBRÜNNL

Nach einer Legende stand die Sossauer Wallfahrtskirche einst im Frauenhölzl bei Antenring (in der Nähe von Feldkirchen), wo sie der römische Offizier Manlius Acilius Glabrio erbaut haben soll. Da im 12. Jahrhundert Räuberbanden in dieser Gegend ihr Unwesen trieben und auch die Gläubigen belästigten, trugen Engel die Kapelle mit dem Gnadenbild weg. Dreimal machten sie dabei Rast: auf dem »Frauenfleck« in Alburgs Fluren, in Frauenbrünnl und am Donauufer bei Kagers. Nachts fuhren sie die Kapelle dann im »Frauenschiff« über den Strom und setzten sie in Sossau nieder. Das »Frauenglöcklein« im Turm verkündete am Morgen den erstaunten Bewohnern Sossaus das nächtliche Wunder.
Bezeugt ist für 1177 die Einweihung des einschiffigen gotischen Kirchenbaus, den das Kloster Windberg errichtet hatte. Die Grafen von Bogen hatten einige Jahrzehnte vorher das Gut Sossau den Windberger Mönchen geschenkt. Seit 1305 ist die Wallfahrt zur Madonna in Sossau, dem »bayerischen Loreto« (Walter Hartinger), belegt, ist also eine der ältesten Marienwallfahrten Deutschlands. Ihre Beliebtheit tut sich nicht nur in der Erweiterung der Kirche mit einem gotischen Chor und mit zahlreichen Ausschmückungen in der Barock- und Rokokozeit, vorgenommen von so bekannten Künstlern wie Joseph A. Merz und Mathias Obermayr, kund, sondern auch in noch erhaltenen Votivgaben. Der Ort Sossau wurde 1972 nach Straubing eingemeindet.
Auch in Frauenbrünnl, der Raststation, heute im Stadtpark im Westen Straubings gelegen, entwickelte sich ein reges Wallfahrtswesen, das 1705/1706 zu einem prachtvollen Neubau der Kapelle führte; Georg Asam und sein Sohn Cosmas Damian wirkten an der Innengestaltung mit. An der Nordseite der Wallfahrtskirche liegt eine Mariengrotte über einer Quelle, die bei Augenleiden helfen soll und vielleicht schon Ort eines heidnischen Quellkults war.

tentum Bayern untrennbar und harmonisch miteinander verbunden seien.

Die besondere Verehrung Mariens zeigte sich ferner in der Aufstellung der goldenen Madonna am östlichen Stadtturmanbau, geschnitzt vom Straubinger Bildhauer Simon Leutner,

Wallfahrtsbild von Sossau. – Kupferstich aus dem 18. Jahrhundert.

zu der man nun regelmäßig, öffentlich und gemeinsam betete. Rege gewallfahrt wurde auch auf den Bogenberg, zur ältesten Marienwallfahrt Niederbayerns, und nach Öberau, Frauenbrünnl und Sossau. So stellte der Franziskanerpater Fortunatus Hueber fest: Die Straubinger Bürgerschaft sei *glücksseelig zu schätzen / Daß sie nit allain der Marianischen Andacht fast* (= sehr) *ergeben / sonder auch jinner vnnd ausserhalb seines Burgfrids mit wunderthätigen Bildnussen vnser lieben Frawen / gar wol vernachtbart ist.*

Soziale Institutionen

War um das seelische Wohl der Bürger durch die zahlreichen Klöster, Kirchen, Kapellen und Wallfahrtsstätten gesorgt, so sollte die Erbauung eines neuen städtischen Krankenhauses zu Beginn des 18. Jahrhunderts die medizinische Versorgung verbessern. Schwerkranke, invalide, mit ansteckenden Krankheiten behaftete Bürgerinnen und Bürger fanden bisher eine eher kärgliche Zuflucht im alten »Lazaretthaus«, im Blatternhaus oder bei den *Siechen im Feld*, wie das Leprosenhaus St. Nikola auch bezeichnet wurde. Das Dreifaltigkeitsspital in der Neustadt hingegen nahm bevorzugt rüstige, arme Alte auf – der gotische Hospitalsaal ist noch erhalten – oder Bürger, die sich zu ihrer Versorgung einkaufen konnten. Einen guten Ruf konnte sich das neue Krankenhaus, gelegen in der Altstadt, damals allerdings nicht erwerben.

Umso erfolgreicher etablierte sich eine andere soziale Institution: 1691 berief der Rat der Stadt die Ursulinen nach Straubing, damit durch sie *das weibliche Geschlecht nit minder als das männliche durch die Jesuitenpatres in guter Sitte, wohlanständigen Künsten und allen Tugenden unterwiesen werde*. In der Burggasse entstand die heutige Klosteranlage, die in der 1736 bis 1741 von den Brüdern Cosmas Damian und Egid Quirin Asam geschaffenen Kirche Unbefleckte Empfängnis einen grandiosen Mittelpunkt erhielt. Welch ein Bedürfnis nach Bildung die weibliche Einwohnerschaft hatte, zeigte der erste Unterrichtstag, an dem 106 Mädchen herbeieilten, *auch Mütter, große Töchter und Mägde …, um dem Unterricht und besonders der christlichen Lehre beizuwohnen*, wie die erste Oberin Maria Magdalena Dietrich in ihr Tagebuch notierte.

Im Spanischen Erbfolgekrieg

Anfang des 18. Jahrhunderts geriet Straubing wieder in den Sog der europäischen Politik: Der französische Bourbonenkönig Ludwig XIV. hatte seinen Enkel als Philipp V. zum spanischen König ausrufen lassen. Dagegen wandte sich der österreichische Kaiser Leopold I. und erklärte Frankreich 1702 den Krieg. Österreich wurde unterstützt von England, Holland, Portugal und den deutschen Reichsfürsten mit Ausnahme Bayerns, das sich auf die Seite Frankreichs schlug. Hatte ein *Edler Wolweiser Rhat der churfürstlichen Haupt-Stat alhie zu Straubing* gerade eben noch angekündigt, den Nordflügel des Rathauses neu erbauen zu lassen, so musste er seit Mai 1704 die Stadt auf eine Belagerung durch kaiserlich-österreichische Truppen vorbereiten. Man verstärkte die Wachen, sperrte die Tore früher zu, besorgte Pulver, Blei und Löschmaterial, musterte das städtische Verteidigungsaufgebot, ließ die Häuser vor den Stadtmauern abbrechen. In einer Zeit, in der die katholische Religion wieder tief verankert war, Wallfahrten und Prozessionen, Umritte und Passionsspiele, Heiligen- und Reliquienverehrung eine Blütezeit erlebten, vertraute man auch in Straubing auf göttliche Hilfe, die angesichts der Niederlagen der französisch-bayerischen Verbündeten dringend nötig war: Am 3. August 1704 gelobten die Straubinger Bürgerinnen und Bürger feierlich *der Allerheyligsten Dreifaltigkeit, dem dreyeinigen Gott durch gesamt alhiesige Ständt und Einwohner eine marmorsteinerne Ehrensäule auf dem oberen Stadtplatz* zu errichten *zur Abwendung aller Kriegsgefährlichkeit*. Dem Spanischen Erbfolgekrieg verdankt Straubing also eines seiner schönsten Monumente: die den Theresienplatz überstrahlende, spätbarocke Dreifaltigkeitssäule, entworfen von Bildhauer Johann Gottfried Frisch und eingeweiht am 17. Oktober 1709. Straubing stand zu diesem Zeitpunkt unter österreichischer Herrschaft, denn trotz aller Gebete und Gelübde hatten die Bürger am 29. Oktober 1704 auf Befehl der Kurfürstin Therese Kunigunde, die ihren geflohenen Gemahl Kurfürst Max Emmanuel vertrat, die Stadt den kaiserlich-österreichischen Belagerern übergeben müssen.

Der Alltag schien von der österreichischen Besatzung nicht besonders beeinträchtigt: Die Ratsherren gingen ihrer gewohnten Beschäftigung nach, ermahnten z. B. die Seifensieder, bessere Arbeit zu leisten, bearbeiteten Anträge auf Bürgerrecht und Meisterzulassung, kümmerten sich um den Einkauf von Salz, nahmen arme Bürger in das Spital auf, sprachen für einen *liederlichen Wandel* Strafen aus. Die Stadtkasse wurde zwar durch die Kontributionsforderungen der neuen Herrschaft belastet, die Stadtväter konnten aber durch geschicktes Verhandeln die Summen herabsetzen. Ein größeres Ärgernis bildeten die in den Wintern einquartierten kaiserlichen Soldaten, die stattliche Mengen Bier, Fleisch und Hafer forderten. Auch wenn die Stadt unmittelbar vom Bauernaufstand 1705/ 1706 nicht betroffen war, so trug Bürgermeister Andre Haisinger als Mitglied der bayerischen Landschaft die zahlreichen Bittschriften

BIOGRAFIE

DIE KÜNSTLERFAMILIE ASAM UND IHRE SPUREN IN STRAUBING

Vater Georg Asam (1649–1711) und seine Söhne Cosmas Damian (1686–1739) und Egid Quirin (1692–1750), eine der bedeutendsten Künstlerfamilien Süddeutschlands, wirkten auch in Straubing. In der barocken Wallfahrtskirche Frauenbrünnl beispielsweise verherrlichte Georg, unter Mithilfe seines Sohnes Cosmas Damian, in zwei Rundfresken Maria als »Königin der Heiligen« und »Königin der Engel«. In der Tod-Marien-Kapelle der Kirche St. Jakob stammen der Stuckmarmor-Altar von Egid Quirin, das Altarbild »Tod Mariens« von Cosmas Damian. Für die beiden Seitenaltäre der Kirche St. Veit malte Cosmas Damian die »Feuerprobe des Hl. Tiburtius« und die »Feuerprobe der Hl. Kunigunde«. Ein einzigartiges spätbarockes Gesamtkunstwerk von Architektur, Skulptur und Malerei schufen die Brüder schließlich in und mit der Kirche des Ursulinenklosters, weil sie *eine freidt haben, eine schöne Kirchen zu bauen und zu ziern*. Es war zugleich ihr letztes gemeinsames Werk. Das Gemälde »Heilige Familie« am Seitenaltar ist hierbei eine Brautgabe Cosmas Damians für seine ebenfalls künstlerisch begabte Tochter Johanna Nepomucena (1721–1771), die in das Ursulinenkloster eintrat und dort unter anderem ein feines Selbstporträt hinterließ.

mit, die um Verständnis für den *betrangten landtman* warben, der sogar *seine truckne schwarze stückhel Brodt und weniges vichel gar und genzlich zu verliern* und *langsamb ins Ellend zu fallen* drohte. Haisinger gehörte als Vertreter der Städte und Märkte auch der Deputation an, die persönlich bei Kaiser Joseph I. die schwierige Situation des bayerischen Landes erläutern durfte.

Die Straubinger Bürger, die durch einen zehnfachen Steuersatz belastet wurden, hatten aber trotzdem noch Geld, ihrer Frömmigkeit Ausdruck zu verleihen. So konnten die Franziskaner, die 1702 nach viel *Mühe und Arbeith, Sitzen und Schwitzen, Laufen und Schnaufen* die Erlaubnis zu einer Niederlassung erhalten hatten, mit den Spenden der Bürger die Schutzengelkirche und ihr Kloster errichten und damit die Seelsorge in der Altstadt verbessern. Vor den Toren der Stadt, in Frauenbrünnl, ließ man die alte Wallfahrtsstätte durch einen neuen barocken Bau ersetzen, den Georg Asam und sein Sohn Cosmas Damian mit Fresken zu Ehren Mariens schmückten. Kunstvolle Hausmadonnen versprachen Schutz und Schirm, wie die 1710 aufgestellte Maria am Ludwigsplatz 15. Bei Oberöbling/Ittling errichteten Gläubige die »Kapelle zur Kleinen Au«, nachdem sich dort ein wundersames Ereignis zugetragen hatte: Der Schulmeister Hans Georg Korbmann wollte im Oktober 1704 aus der Ittlinger Kirche die Hostien in Sicherheit bringen, wurde von den Feinden überfallen und ausgeraubt; später fand er drei der heiligen Hostien, die sieben Tage *im Reif und Ungewitter unter dem Himmel gelegen* unversehrt wieder.

Für die Straubinger endete der Spanische Erbfolgekrieg mit dem Frieden von Rastatt im September 1714, der keinen eindeutigen Sieger hervorbrachte, sondern das Gleichgewicht der europäischen Großmächte stärkte. Die kaiserlich-österreichischen Truppen verließen Straubing, das nun wieder eine bayerisch-kurfürstliche Stadt war – bis der nächste Erbfolgestreit anstand.

Im Österreichischen Erbfolgekrieg

1740 starb Karl VI. von Österreich, der letzte Habsburger auf dem deutschen Kaiserthron. Seine Tochter, die junge Maria Theresia, musste ihr Erbe gegen bayerische, französische, spanische und sächsische Ansprüche verteidigen. Im Juli 1741 eröffnete der bayerische Kurfürst Karl Albrecht, der die »Pragmatische Sanktion« und damit das Recht weiblicher Thronfolge in Österreich nicht anerkannt hatte, mit dem Überfall auf Passau den »Österreichischen Erbfolgekrieg«. Der zunächst erfolgreiche Kurfürst besetzte Oberösterreich, ließ sich zum böhmischen König krönen und wurde schließlich im Januar 1742 als Karl VII. zum Kaiser gewählt. Maria Theresia aber gab nicht auf; österreichische Truppen eroberten weite Teile Bayerns und im Februar 1742 fiel die Hauptstadt München. Die folgenden Kriegsjahre wurden hart für Bayern und seine Bewohner. Das Kriegsglück war wechselhaft, österreichische, französische und bayerische Soldaten durchzogen das Land. Besonders verheerend hausten die kroatischen Panduren unter dem berühmt-berüchtigten Franz Ferdinand Freiherrn von der Trenck.

Der »Heldenmut« der Straubinger

Straubing hatte sich schon seit dem Sommer 1741 auf einen österreichischen Angriff vorbereitet. 400 bayerische Soldaten unter dem Obristen Franz Ludwig Freiherrr von Wolfwiesen unterstützten die heimische Bürgerwehr mit dem strikten Befehl, die *Statt Straubing bis auf das äusserste zu defendieren und sich in keine Capitulation weniger in die würkhliche Ybergab einzulassen, bis nit eine practicable Breche geleget und der Stattgraben solchergestalten angefühlt seye, daß der Sturmb nit mehr zu hündertreiben were.* Am 6. April 1742 begannen pandurische Truppen, die sich in der Altstadt festgesetzt hatten, mit der Beschießung. Angeblich fielen in den folgenden Tagen 934 Brandbomben und 534 glühende Kugeln auf die Neustadt. Die Straubinger wehrten sich jedoch tapfer und verwarfen die Kapitulationsangebote. Am 11. April zogen die Österreicher plötzlich ab, da der Anmarsch bayerisch-französischer Truppen drohte. Neben Straubing hatten nur Landsberg und Ingolstadt derart Widerstand leisten können.

Ab Anfang Juni 1743 belagerten die Österreicher Straubing erneut. Sechs Wochen später stimmte Karl VII. einem Waffenstillstand zu; der Preis war unter anderem die Auslieferung Straubings, das am 19. Juli seine Tore für die neuen österreichischen Herren öffnen musste. Über ein Jahr lang dauerte die österreichische Besatzung. Erst nach der Gründung der »Frankfurter Union« im Mai 1744, ein Zusammengehen Preußens und Frankreichs zum Schutz des Kaisers, gelang es Karl VII., die österreichischen Truppen zurückzudrängen. Am 10. Oktober 1744 zogen sie auch aus Straubing ab. Nun litt man aber in Straubing und Umgebung an der Einquartierung kaiserlicher Soldaten. Am Jahresende 1744 notierte Abt Marian Pusch von Niederaltaich, ein glaubwürdiger Chronist der damaligen Ereignisse, kurz und bündig in sein Tagebuch: *Die Not steht überall am höchsten.*

Mit dem Tod Karls VII. und dem Verzicht seines Sohnes Max III. Joseph auf seine Ansprüche in den habsburgischen Stammlanden endete im Frühjahr 1745 der Österreichische Erbfolgekrieg. Als Erinnerung an diese Kriegszeit blieben den

Straubingern bis heute eine goldene Medaille mit dem Porträt Karls VII., die er ihnen wegen ihrer Tapferkeit verliehen hatte, und eine der österreichischen Eisenkugeln, die als Votivgabe am Altar der Nesselmadonna in der Karmelitenkirche hängt: Ihr hatte sich nämlich die Bürgerschaft feierlich zum Schutz angelobt. 1892, zum 150. Jahrestag der Belagerung, wurde dann am Oberen-Thor-Platz auch ein Denkmal zum Ruhm des *Heldenmuths der Bürger Straubings im Jahr* 1742, geschaffen von Theodor Haf, aufgestellt. Es zeigt einen gefallenen Bürger, den der Genius des Friedens in seinen Armen trägt – obwohl zeitgenössische Historiker nachgewiesen hatten, dass wohl kein einziger Straubinger bei der Belagerung ums Leben gekommen war.

Im Bayerischen Erbfolgekrieg

In der dritten Erbauseinandersetzung des 18. Jahrhunderts, im Bayerischen Erbfolgekrieg (1778/1779), blieb Straubing zwar von kriegerischen Handlungen, nicht aber vor österreichischer Besatzung verschont. Nach dem Aussterben der altbayerischen Linie des Hauses Wittelsbach 1777 mit Kurfürst Max III. Joseph erhoben Maria Theresia und ihr Sohn, der österreichische Kaiser Joseph II., Ansprüche auf Niederbayern und Straubing, zurückgehend auf die Streitigkeiten um das Erbe des Herzogtums Bayern-Straubing, bei dem die Habsburger 1429 leer ausgegangen waren. Im Januar 1778 rückten kaiserliche Truppen in Niederbayern und der Oberpfalz ein. Am 23. und 24. Februar 1778 mussten die niederbayerischen Stände, die Prälaten, der Adel, die Stadt Straubing und ihre Bürgerschaft den Huldigungseid auf die neuen österreichischen Herren ablegen. Im Straubinger Stadtarchiv haben sich die Akten hierzu erhalten, die von ausgiebigen Festvorbereitungen wie der Renovierung des Rathaussaales und vom Huldigungsessen für 400 Personen berichten, von *kälbernen Schlögeln, schlegel von rotem Wildbret*, von *geräuchten Schüncken und Zungen, sallath, Dortten und Brod*, von *Trunck an braunem bier, weißes dito*, von *Wein, Musicanten*, der *Beleuchtung aus* 1 1/2 *Centen Inschlicht Körzen* und dem *Pulver zu hochgnediger anbefelchung der Canonen.*

Das österreichische Vorgehen missfiel den meisten deutschen Landesherren, zudem zeigte der pfälzische Kurfürst und neue Herrscher Bayerns Carl Theodor Neigung, sein Erbe Bayern gegen die österreichischen Niederlande einzutauschen. Friedrich II., König von Preußen, marschierte daher im Juli 1778 in Böhmen ein. Die Auseinandersetzung lief aber ohne nennenswerte Kampfhandlungen ab, beide Seiten waren schlecht vorbereitet und ausgerüstet, die Preußen sprachen daher spöttisch vom »Kartoffelkrieg«, da sich ihre Soldaten vor allem von Kartoffeln ernähren mussten, die Österreicher vom »Zwetschgenrummel«, da ihre Truppen hauptsächlich mit der Requirierung von Lebensmitteln beschäftigt waren. Im Frieden von Teschen verlor Bayern das Innviertel an Österreich, das aber zusammen mit Preußen, Frankreich und Russland die Existenz des Kurfürstentums Pfalz-Bayern als Staat garantierte. Ende Mai 1779 verließen die österreichischen Besatzungstruppen Straubing, das zwar nun seine Rolle als künftige Hauptstadt in einem österreichischen Niederbayern verloren, aber immerhin wieder einen repräsentativen und benutzbaren Rathaussaal gewonnen hatte.

Entwicklung in den Friedenszeiten

Rokokoglanz in der Stadt

Zwischen den ruinösen Kriegszeiten gab es immer wieder Phasen der Erholung und des rührigen Lebens einer Handels- und Verwaltungsstadt; insbesondere nach den Wirren des Österreichischen Erbfolgekrieges folgte eine Zeit des wirtschaftlichen Aufschwungs und der kulturellen Blüte. Deutlich sichtbar wird dies in den kunstvollen Fassaden der Bürger-, Beamten- und Adelshäuser am Stadtplatz, von denen etliche nicht nur vom Zeitgeschmack des Barock und Rokoko, sondern auch vom Repräsentationsbedürfnis und Selbstbewusstsein der Bewohner künden.

Die schönsten stammen von dem einheimischen Bildhauer und Stuckateur Mathias Obermayr, der nicht nur als Schöpfer sakraler Werke in ganz Niederbayern hervortrat – in der Klosterkirche Windberg finden sich die originellsten Altäre aus seiner Hand. Der Ratsherr und Bürgermeister Johann Georg Hiendl hatte 1753 das mächtige Gebäude »in der Kron« (Ludwigsplatz 21) erworben und Obermayr mit der Erneuerung der Hausfassade und der gotischen Hauskapelle beauftragt. Für den Kaufmann Josef Grienberger, den Besitzer des »Hauses im Stern« (Fraunhoferstraße 8), schuf Obermayr über dem Hauptportal eine anrührende Reliefszene, die den Besuch der heiligen Elisabeth mit ihrem Sohn Johannes bei der heiligen Familie zeigt. In beiden Fassaden bewies der Künstler, dass er das heitere Spiel des Rokokos mit Muschelwerk, Blumen und Ranken meisterhaft beherrschte. Leisten konnte sich Grienberger die Umgestaltung seines Hauses aufgrund kaufmännischen Geschicks und Erfolgs: Er hatte ein Bankgeschäft eröffnet und handelte mit *Schnitt-, Spezerei- und Materialwaaren*, mit Bier, Wein, Rebhühnern, Mehl, Gewürzen wie Zimt und Muskatnuss, Öl, Rosinen, Zucker, Kaffee, Schokolade, Tabak, Farben wie Blauholz und Grünspan, Tüchern, Stoffen und Borten. Seine Kunden kamen, wie ein altes Rechnungsbuch ausweist, aus ganz Niederbayern, wiederum ein Beleg für die Bedeutung Straubings als Einkaufsstadt. Dass einige Straubinger Kaufleute auch national und international agierten, zeigt der Eisen- und Lederhändler Johann Kayser, der Geschäftsbeziehungen nach den Niederlanden und Russland unterhielt. Auch er ließ sein Anwesen am Ludwigsplatz 27 von Obermayr verzieren.

669 Anwesen zählte die Stadt 1767, für 1787 ist eine *Seelenzahl* von 7531 überliefert. Die Bewohner wurden versorgt von 22 Bäckern, 16 Metzgern, 22 Bierbrauern, sechs Branntweinbrauern, zehn Weinwirten, elf Handelsleuten, zwölf Schneidern, 18 Schustern, sechs Tuchmachern, sechs Leinwebern, neun Lederern und Gerbern, zwölf Fischern; dazu gab es acht Mühlen, 17 Bauernhöfe und 98 Gärtneranwesen, die insbesondere in der Altstadt angesiedelt waren.

Ein fortschrittliches Gesundheitswesen

Für die medizinische Betreuung waren zu dieser Zeit ein Stadtphysicus, ein *medicus supernumerarius*, ein weiterer Arzt und der Landschaftsphysicus zuständig, dazu ein *Zantarzt*, vier Bader

Engel an der Kanzel von St. Jakob von Mathias Obermayr.

und ein Barbier – die Bader durften Aderlassen, Zähne behandeln und Wunden verbinden. Zwei Apotheken, eine *obere* (heute Einhornapotheke) und eine *untere* (heute Löwenapotheke), standen zur Verfügung. Der Unterstützung der zwei bis drei städtischen Hebammen konnte sich jede Frau gewiss sein, mussten diese doch seit dem Mittelalter schwören: *Item von erst, das sy beigestendig sein sullen den kindern und müetern, als sie ir beder leben und gesunt gein got verantwurten wellen, trewlich an alles geverd. Item, die man vodertt, die sol bereits sein, es sey bey tag oder nacht kain zeitt ausgenomen, und willigklich komen den armen als den reichen.* 1748 ließen sich trotz des Widerstandes der Stadtväter, die kein weiteres steuerbefreites Kloster in der Stadt wollten, die Elisabethinen, aus Prag kommend, in Straubing nieder – ihre Hartnäckigkeit sollte für das Straubinger Gesundheitswesen von weitreichender Bedeutung sein: Sie eröffneten im Schlösschen Azlburg in der Altstadt ein Krankeninstitut, in dem Frauen aller sozialen Schichten zum ersten Mal eine kundige Krankenpflege erhielten und das der

Rokokofenster, Fraunhofer Straße 15, von Mathias Obermayr.

Grundstein des heutigen modernen Klinikums St. Elisabeth wurde. Zudem gesellte sich zu den Straubinger Gotteshäusern ein weiteres Kleinod, die 1789 errichtete Klosterkirche St. Anna, in der eine von Mathias Obermayr kunstvoll verzierte Inschrift das Leitmotiv elisabethinischen Wirkens verkündet: *Charitas Dei ac proximi in his binis vniversa lex – Liebe zu Gott und zum Nächsten, in diesen beiden liegt das allumfassende Gesetz.*

Glaubensdemonstrationen

Noch einmal erlebte die von den Orden stark geförderte Volksfrömmigkeit des 18. Jahrhunderts mit ihrem festen Vertrauen auf Gottes Hilfe ihre Höhepunkte. So feierten die Jesuiten 1751 die Aufstellung des Gnadenbildes der Muttergottes von Foya vor hundert Jahren in einem achttägigen Verehrungsmarathon, 1761 folgten die Karmeliten mit der Jahrhundertfeier der Übertragung der Nesselmadonna. 1770 beging die Bäckerknechtsbruderschaft ihr 400-jähriges Bestehen in einem glanzvollen dreitägigen Fest, zu dem der Papst einen Jubiläumsablass gewährt hatte und Tausende Gläubige aus Straubing und Umgebung herbeiströmten. Das Beispiel dieser bis heute bestehenden Bruderschaft zeigt die tiefe Durchdringung des Alltags mit Glauben und Religion. Die Kernmitgliedschaft bildeten traditionell die Bäckerlehrlinge und –gesellen der Stadt, für sie bedeutete die Bruderschaft nicht nur eine Gebetsverbrüderung, sondern sie bot ihnen ähnlich einer Zunftvereinigung auch einen Ort der Geselligkeit und sozialen Geborgenheit, sorgte für Absicherung bei Krankheit und Invalidität oder im Alter, kümmerte sich um ein gutes Arbeitsklima. Durch ihre regen religiösen Aktivitäten, betreut von den Karmeliten, hatte sich die Bruderschaft darüber hinaus allen Ständen empfohlen; als *einverleibte Mitglieder* schlossen sich ihr viele Bürgerinnen und Bürger an, die nun auf eine »ewigwährende« Fürbitte für ihr Seelenheil hoffen konnten.

1777 wurde nicht weniger aufwändig das 600-jährige Jubiläum der Sossauer Wallfahrtskirche begangen, zu dessen Vorbereitung man sogar bei Mathias Obermayr einen neuen Hochaltar mit der Darstellung der Legende bestellte. Zu allen Jubiläen gehörte stets die große Prozession über den Stadtplatz, bei der man den Glauben öffentlich demonstrierte. Am eindrucksvollsten beherrschten dies aber die *Steckermanner*, die Mitglieder der 1646 begründeten Marianischen Männerkongregation, die bei ihrem jährlichen Titularfest oft soviel Teilnehmer zählte, dass bei der Prozession kein Vorwärtskommen war – 1759 zum Beispiel waren es 3500 Kerzen tragende Sodalen (2011 nahmen immerhin noch 1500 Männer aus Straubing und der weiteren Umgebung teil, 2018 waren es laut Zeitungsbericht »Hunderte«). Am anschaulichsten fasste das Lebensverständnis des barocken, katholischen Menschen aber der 1763 von dem Straubinger Maler Felix Hölzl in der Seelenkapelle des Friedhofs St. Peter geschaffene Totentanz zusammen, ein eindringliches »Memento mori« an alle Einwohner Straubings, ob reich oder arm, jung oder alt. Denn bei Beerdigungen wurde der Leichenzug durch diese Kapelle geführt, vorbei zum Beispiel am Bild des Bauern, der bei der Ernte vom Schnitter Tod geholt wird: *Wie Liebt mich das glieck, ich säete mit Schweis, / Doch welch eine reiche Ernte belohnet meinen Fleis. / Du schneidest nicht für Dich! Du liegst schon auf der Erden / so geht es allen Fleisch /: das düer wie hei* (= Heu) *mues werden.*

STRAUBING UND SEINE BEWOHNER IM 18. JAHRHUNDERT

»Straubing ein WunderOrth an [seinen] schönen Plätzen und Gassen, Kirchen und Thürmen, Stadt-Mauren und Gräben, Ordnung, Grösse, und Schönheit deren Häusseren, Spatziergängen, lustigen Gegenden, und weiten Prospecten, dass man fast aller Orthen mit den Augen hangen bleibt, wohin einem nur immer die Sinn entführen, und jener nicht alles in dem so schönen Chur-Bayrn gesehen, welcher das schönste Straubing nicht gesehen hat.«
(Petrus Gerl, Abt des Klosters Prüfening, über seine Geburtsstadt Straubing, 1758)

»Alle Lebensmittel sind in sehr geringem Preise hier. Die Stadt steht mitten in dem beßten Kornmagazin. Das Vieh hat gute Weide. Die Donau giebt vortreffliche Karpfen, die ins ganze Land verführt werden. Wildprett, Butter und Eyer kommen aus dem benachbarten sogenannten Wald, welches der gebirgigte Theil dieser Regierung ist, und sich amphittheatralisch immer höher bis an die böhmische Gränze hinzieht. Diese Umstände tragen vermuthlich das meiste bey, warum die Straubinger so aufgeräumt und so sehr zur Bonvivanterie geneigt sind. Auch ist das zehnte Haus in der ganzen Stadt allemal ein Wirthshaus, und selten trifft man eines leer an.
Die Mädchen von Straubing und um Straubingen sind fast durchgehends sehr schön. Sie haben etwas weniger Fett, als die Passauerinnen und etwas mehr Geist, als die oben [= Landshuterinnen].«
(Johann Pezzl, Literat und Aufklärer, 1784)

Der Bankrott der Stadt 1774

Das heitere Bild, das die in der zweiten Hälfte des 18. Jahrhunderts geschaffenen Bauten und Kunstwerke vermitteln, das relative Wohlergehen der Kaufmann- und Handwerkerschaft und die aufwändig zelebrierten religiösen Feste dürfen aber nicht darüber hinwegtäuschen, dass die Stadtväter Sorgen quälten: Straubing hatte sich seit dem 16. Jahrhundert zunehmend verschuldet, unter anderem durch den Kauf der Grundrechte im

Jahr 1536, die Übernahme privater mildtätiger Stiftungen, den Rückgang der Steuereinnahmen, durch die sich wiederholenden Forderungen der bayerischen Herrscher nach finanzieller Unterstützung ihrer kriegerischen Unternehmungen, durch Besatzungen und Kontributionen, durch den Wiederaufbau nach den Kriegen, durch den Unterhalt wichtiger Bauten wie der Donaubschlacht. Dazu kam, dass die verantwortlichen Bürgermeister und Ratsherren nicht immer um das Wohl ihrer Stadt, sondern eher um ihren eigenen Profit besorgt waren.

Die Missernten in den Jahren 1769 bis 1771, die europaweit zu einer Hungerkrise und wirtschaftlichen Rezession führten, zogen Straubing nun endgültig in den Ruin: Die Ausgaben, vor allem für Getreide, um die sozial schwächeren Einwohner zu ernähren, stiegen immens, die Steuereinnahmen sanken, Kredite konnten nicht mehr zurückgezahlt werden. 1774 waren die städtischen Kassen leer, die Stadt Straubing zahlungsunfähig. Den Landesherren war dieser Zusammenbruch, der viele Gemeinden in Deutschland betraf, eine willkommene Gelegenheit, »um sich in die Angelegenheiten der Städte einzumischen, deren weitgehende Autonomie ihnen schon längst ein Dorn im Auge war, durchbrach sie doch das vom Absolutismus angestrebte Ziel der gleichmäßigen intensiven Durchdringung und Kontrolle aller Bevölkerungsgruppen« (Roman Deutinger). Kurfürstliche Kommissäre stellten das städtische Rechnungswesen auf eine neue Basis und überwachten bis 1781 die neu eingesetzte Verwaltung. Mit dem Bankrott Straubings und den damit verbundenen staatlichen Eingriffen und Kontrollen begann letztlich schon der Niedergang der stolzen, bislang weitgehend selbstständig handelnden Gäubodenstadt, der sich Anfang des 19. Jahrhunderts weiter fortsetzen sollte.

Der Große Stadtbrand 1780

In dieser Situation traf die Stadt ein weiterer Schicksalsschlag: Am 13. September 1780 brach im Anwesen eines Bierbrauers in der Fraunhoferstraße ein Feuer aus, das sich rasant über das nordwestliche Stadtviertel ausbreitete, ein Drittel der Stadt in Mitleidenschaft zog und einen Schaden von etwa 800 000 Gulden anrichtete. Opfer der *erschröcklichen Feuerbrunst* wurden beispielsweise die Spitalkirche, das Jesuitengymnasium, die Fürstenherberge, das Betbruderhaus, das obere Betschwesternhaus und das Kollegiatstift; auch die Kirche St. Jakob erlitt Brandschäden. Kurfürst Carl Theodor gewährte nicht nur Steuernachlässe, sondern ordnete *in ganz Baiern, wie auch der obern Pfalz, bey allen gerichtischen Unterthanen, Hofmärchen* (= Hofmarken), *Städten und Märkten eine allgemeine Sammlung* für die brandgeschädigten Straubinger an. Auf diese Weise kamen über 90.000 Gulden zusammen, die mit anderen Spenden an die bedürftigen Bürger ausbezahlt wurden. Die kurfürstliche Regierung verweigerte übrigens dem Magistrat die Verfügungsgewalt über die Spendengelder, da dieser »gewohnheitsmäßig viel Geld unnütz verschleuderte oder nur zu seinem eigenen Vorteil wirtschaftete« (Roland Wensauer). So hatten die Ratsherren die Feuerwehrrequisiten nicht gepflegt, die Aufnahmegebühren neuer Bürger nicht wie vereinbart für den Kauf von Löscheimern eingesetzt, zudem die Schäden an den städtischen Gebäuden zu hoch eingeschätzt. Ein unmittelbar nach der Katastrophe geplanter systematischer Neuaufbau des Stadtteils mit breiteren Straßen und Gassendurchbrüchen wurde aus Kostengründen nicht realisiert, die Bürger wollten zudem so schnell wie möglich ihre eigenen Häuser wieder aufbauen – Straubings schönste klassizistische Fassaden sind somit Folge des »Großen Stadtbrandes« von 1780.

Straubing und die Aufklärung

Ein neues Denken hatte in Bayern Einzug gehalten: Unter dem Einfluss von Klassizismus und Aufklärung wurde, zum Beispiel von Johann Wolfgang von Goethe, das *Puppenwerk, mit dem unsere Edelleute ihre Häuser schmücken*, verteufelt und *edle Simplizität* gefordert; ein strenger Stil entwickelte sich, der die Formen der Antike wieder aufnahm. Die Forderung des Philosophen Immanuel Kant nach dem Mut, den eigenen Verstand zu bedienen, verbreitete sich in Straubing »früher und deutlicher als in anderen bayerischen Städten« (Hubert Freilinger). Es waren hohe Beamte der kurfürstlichen Regierung, bei denen ein *allzu freyer und verdächtiger Discurs von Glaubens- und Religionssachen*, ein Fehlen bei den öffentlichen Prozessionen und Andachten, eine Beschäftigung mit den aufklärerischen Schriften von Christian Wolff und Johann Christoph Gottsched, eine Nähe zum Geheimbund der »Illuminaten« festgestellt wurde. Diese von einem Ingolstädter Professor gegründete Vereinigung der »Erleuchteten« hatte sich eine rationalistische und sittliche Erneuerung der Gesellschaft zum Ziel gesetzt, die durchaus antimonarchische und antikirchliche Züge zeigte und daher von Kurfürst Carl Theodor verboten wurde. Mitglied der Illuminaten war auch Joseph Danzer, Lehrer am Straubinger Gymnasium, das mit der Aufhebung des Jesuitenordens im Jahr 1773 staatlich geworden war. Auch dort wurde nun Wert gelegt auf eine lebenspraktische Ausbildung, auf eine Erziehung, die das Urteilsvermögen schärfte, auf eine bessere Berücksichtigung »realer« Fächer wie Geografie, Geschichte, Mathematik und Physik; in den naturwissenschaftlichen Unterricht wurden die Beobachtung und das Experiment eingeführt.

Einer der ersten, der als Schüler dieses Gymnasiums von den aufklärerischen Idealen profitierte, sie verinnerlichte und als Forscher wie Pädagoge umsetzte, war der Webersohn Mathias Flurl. 1792 veröffentlichte er sein Hauptwerk »Beschreibung der Gebirge von Baiern und der oberen Pfalz« und begründete damit die Wissenschaft der Mineralogie und Geologie in Bayern. Ein Jahr vorher hatte ebenfalls ein gebürtiger Straubinger einen großen Erfolg gefeiert: In Wien fand die Uraufführung der Oper »Die Zauberflöte« statt, zu der Wolfgang Amadeus Mozart die Musik komponiert, Emanuel Schikaneder, Sohn des Stadtpfarrdieners von St. Jakob, das Libretto verfasst hatte; den »Papageno« spielte Schikaneder übrigens selbst. Der wohl berühmteste Sohn der Stadt jedoch ist Joseph Fraunhofer, der als genialer Optiker und Physiker zum ersten Mal in Bayern wissenschaftliche Grundlagenforschung mit technisch-praktischer Anwendung verband und damit bereits das »neue Bayern« verkörperte.

Gedenktafel für Mathias Flurl an seinem Geburtshaus, Rosengasse 24, angebracht um 1840.

DER GENIALE OPTIKER UND PHYSIKER JOSEPH VON FRAUNHOFER

Joseph Fraunhofer wurde am 6. März 1787 als elftes Kind einer Straubinger Glaserfamilie geboren. Mit zwölf Jahren bereits Vollwaise, kam Fraunhofer zu einem Münchner *Spiegelmacher und Ziraten Glasschleifer* in die Lehre. Als im Juli 1801 das Haus seines Lehrherrn einstürzte, konnte Fraunhofer im Beisein des Kurfürsten Max IV. Joseph und des Geheimen Rats Joseph von Utzschneider gerettet werden. Utzschneider fand Gefallen an dem Glaserlehrling, förderte ihn und nahm ihn schließlich in sein optisches Institut in Benediktbeuern auf.

Fraunhofer revolutionierte nicht nur das Schleifen, Polieren und Zentrieren der Linsen mit neuen Maschinen und Messverfahren, sondern forschte auch nach der »idealen Rezeptur« für Linsenglas. Das Unternehmen von Utzschneider und Fraunhofer wurde bald zum Marktführer für Fernrohre, Mikroskope und Lupen in Europa. *Ich wollte suchen, ob im Farbenbilde von Sonnenlichte ein ähnlicher heller Streif zu sehen sey, wie im Farbenbilde vom Lampenlichte, und fand anstatt desselben mit dem Fernrohre fast unzählig viele starke und schwache vertikale Linien, die aber dunkler sind als der übrige Theil des Farbenbildes; einige scheinen fast ganz schwarz zu seyn.* So einfach und unscheinbar klingt Fraunhofers revolutionäre Beobachtung: Mit Hilfe der im Sonnenlicht entdeck-

Fraunhofer-Denkmal am Herzogsschloss, errichtet 1910 (Detail)

ten und nach ihm benannten Linien hatte Fraunhofer den Grundstein gelegt zu einem äußerst wichtigen Gebiet der Physik, der Spektroskopie, die ein Element nach der nur ihm eigenen Linienkombination im Licht untersuchen kann. Fraunhofer sind letztlich Erkenntnisse über die Sonnenatmosphäre und über Fixsterne genauso zu verdanken wie das Wissen über den inneren Aufbau eines Atoms. Ebenfalls bahnbrechend waren Fraunhofers Untersuchungen zur Lichtbeugung. Seine Forschungen verhalfen der Wellentheorie des Lichts endgültig zum Durchbruch. Für seine Leistungen zeichnete ihn König Ludwig I. mit dem Zivilverdienstorden der Bayerischen Krone aus und erhob ihn damit in den Adelsstand.

Der ständige Umgang mit giftigen Chemikalien griff Fraunhofers Gesundheit an, zudem erkrankte er an Lungentuberkulose. Seinen frühen Tod betrauerte der Sprachforscher Andreas Schmeller, wie Fraunhofer Mitglied der Bayerischen Akademie der Wissenschaften, in einem bewegenden Nachruf: *Fraunhofer, der schon einmal aus dem Grabe Erstandene, um die Himmel und die Quellen des Lichtes, näher als ein Sterblicher vor ihm, zu schauen, zum zweiten Mal und ach für ewig begraben. Er war ausgelöscht am 7. Juni 1826.*

Die Stadt Straubing ließ 1827 an seinem Geburtshaus, Fraunhoferstraße 3, eine Büste, gestaltet von Franz Xaver Keller, anbringen und widmete ihm 1910 an der Südseite des Herzogsschlosses ein von Hermann Hahn entworfenes Denkmal. Eine Straße, eine Berufsschule und die Stadthalle tragen seinen Namen.

Stadt im Umbruch: Straubing von 1800 bis zum Ersten Weltkrieg

Einer der Männer, die wegen ihrer Zugehörigkeit zu den Illuminaten Bayern verlassen mussten, kehrt nach dem Tod Carl Theodors 1799 als Berater und leitender Minister des neuen Kurfürsten Max IV. Joseph von Pfalz-Zweibrücken nach München zurück: Maximilian Joseph Graf von Montgelas. Er führt Bayern durch die Wirren der Napoleonischen Kriege, die das Gesicht Europas verändern. Auch Bayern erhält eine neue Gestalt, ein vergrößertes und weitgehend geschlossenes Staatsgebiet, das aus der »Rheinpfalz« um Speyer und »Bayern rechts des Rheins« besteht. Unter Montgelas endet durch eine »Revolution von oben« die bayerische Stände- und Privilegienherrschaft des Ancien Régimes. Aus den verschiedenen alten und neuen Landesteilen formt er einen modernen, zentralistisch gelenkten Staat mit einer Ministerialorganisation und einem Berufsbeamtentum, mit einem einheitlichen Nationalbewusstsein und mit einer Verfassung. Und gerade diese radikalen inneren Reformen treffen eine Stadt wie Straubing zutiefst.

Die mittelalterliche und frühneuzeitliche Stadt war reich an religiösem und kirchlichem Leben, war ausgezeichnet und unangefochten als Regierungs- und Hauptstadt, war regional bedeutsame Markt- und Handelsstadt, war in Verwaltung und Gerichtswesen weitgehend autonom. Dies ändert sich nun fast schlagartig. Straubing bleibt zwar wirtschaftlicher Mittelpunkt des Gäubodens und des Vorderen Bayerischen Waldes, verliert aber zeitweise seine Selbstverwaltungsrechte und dauerhaft seine Funktion als politisches Zentrum in Niederbayern. Geistlich in der ersten Hälfte des 19. Jahrhunderts »säkularisiert« und damit verarmt, belebt sich in der zweiten Hälfte das katholische Straubing neu, entwickeln sich die protestantische und jüdische Gemeinde. Die Gesellschaft diskutiert und politisiert, eine konservativ-katholische und eine liberale Tageszeitung liefern sich heftige Gefechte, bürgerliche Geselligkeitsvereine gründen sich ebenso wie sozialistische Fahrradvereine, alle zusammen letztlich »in Treue fest« dem wittelsbachischen Königshaus ergeben. Die Schul- und Bildungsstadt Straubing kristallisiert sich heraus. Die Aufhebung der Zunftzwänge und die Einführung der Gewerbefreiheit, die rasche Entwicklung der Technik, die stabile Währungspolitik im Deutschen Reich befördern das wirtschaftliche Leben, verändern auch die Gewerbestruktur. Gerade der Handel erhält, auch durch die Anbindung an die Eisenbahn, neue Impulse. Die Industrialisierung selbst klopft nur am Rand, vor allem in der Ziegelproduktion, an. So lässt sich die zweite Hälfte des 19. Jahrhunderts als eine *neue Periode ruhigen und stetigen Emporblühens* charakterisieren, die sich in den Villenbauten der Bürger vor den ehemaligen Toren der Stadt ebenso äußert wie im Zuwachs der Bevölkerung, von fast 9000 Einwohnern im Jahr 1852 auf rund 17500 zur Jahrhundertwende. Rasant gestalten sich der wirtschaftliche Aufschwung und die städtebauliche Entwicklung dann in den letzten beiden Jahrzehnten vor dem Ausbruch des Ersten Weltkriegs. Markante öffentliche Bauten wie der Schlachthof, das Elektrizitätswerk, die Strafanstalt, die Kaserne, die Post oder die Realschule zeugen davon. Am Vorabend des Ersten Weltkrieges präsentiert sich Straubing als eine lebendige, wirtschaftlich gestärkte Stadt, die wieder über überregional bedeutsame Einrichtungen verfügt und städtebaulich eindrucksvolle Akzente gesetzt hat.

Sichtbar wird diese Entwicklung auch – wieder einmal – am Straubinger Rathaus: Seit dem Umbau des Nordflügels 1704 und der Sanierung des Rathaussaales 1778 hat die Gemeinde nichts mehr in das Anwesen investiert bzw. aus finanziellen Gründen investieren können; der Dachstuhl ist *verfault und vermodert, ein zu erwartendes übles Ereigniß des Einsturzes* droht. 1827/1828 wird nun *keineswegs ein luxuriöser, sondern ein von der Nothwendigkeit gebotener* Umbau des Gebäudes vorgenommen, der die breite gotische Fassade einschließlich des Glockentürmchens beseitigt und ein nüchternes, funktionelles Rathaus schafft. Es enthält nun auch den von der Gemeindeordnung 1818 geforderten Saal für das neue Kollegium der Gemeindebevollmächtigten. In den folgenden Jahrzehnten ist das Rathaus jeweils eines der ersten Gebäude, das den technischen Fort-

Das Rathaus um 1890 vor dem neogotischen Umbau.

schritt erlebt – mit Gasbeleuchtung (1862), Einrichtung des Telefons (1879), Verlegung von Wasserleitungen einschließlich *wassergespülter Männerclosetts* (1883) und Stromversorgung (1901). 1892/1893 sehnt sich der Magistrat entsprechend des ökonomischen Wohlergehens wieder selbstbewusst danach, *die jetzige unschöne Gestalt* des Rathauses *ebenso praktisch wie künstlerisch stylvoll* zu verändern, ein *würdiges Denkmal* zu setzen, *das der gegenwärtigen wie kommenden Generation zur Ehre, der Stadt aber zur Zierde gereichen soll.* Das Rathaus erhält nun eine neogotische Fassade mit dem Stadtwappen, ein repräsentatives Treppenhaus, einen farbigen Rathaussaal. Zehn Jahre später lässt man dann auch noch den Stadtturm neu eindecken und verputzen, sodass die beiden wichtigsten Gebäude Straubings den Aufschwung der Stadt deutlich verkünden.

Verlust der kommunalen Selbstständigkeit

Wieder einmal stand eine kriegerische Auseinandersetzung am Anfang eines Jahrhunderts. Die Straubinger Bürgerschaft und die Stadtväter hatten das Auf und Ab in den Koalitionskriegen zu verkraften, in denen England, Russland, Österreich und Bayern sich gegen die Expansion des revolutionären Frankreich unter Napoleon Bonaparte wehrten. So gab Straubing der Kurfürstin Caroline und ihren Stiefkindern im Frühsommer 1800 Quartier, als sie vor der französischen Invasion auf der Flucht aus München waren. Im wechselnden Kriegsglück musste man mal kaiserlich-österreichische, mal französische Truppen beherbergen. Ende Dezember 1800 drangen die Franzosen noch einmal *mit Gewalt und kämpfend in Straubing* ein. 1801 wechselte Bayern dann die Seiten und schloss ein Bündnis mit Frankreich, das vor allem den Fortbestand der rechtsrheinischen Gebiete sichern sollte. Eine Folge war, dass das Kurfürstentum Bayern zum Königreich »von Napoleons Gnaden« erhoben wurde. Auf dem Weg zur Königskrönung Max IV. Josephs, die am 1. Januar 1806 in der Münchner Residenz stattfand, kam Napoleon am 30. Dezember 1805 auch durch Straubing: *Zwar sahen wir den hohen Gast nur auf Augenblicke; denn schnell wurde umgespannt, und der Weg über Mengkofen nach Landshut fortgesetzt. Dennoch wird dieser Tag der Freude uns immer unvergeßlich bleiben!* Richtig gefeiert wurde sechs Tage später, als die Königsproklamation *unter Trompeten- und Pauken-Schalle, Donner und Kanonen, Jubel und Jauchzen auf öffentlichen Plätzen, in Gassen und Straßen* verkündet wurde. Was dies für ihre Stadt und ihre bisherige Freiheit bedeutete, ahnten die Bürger noch nicht: Mit der Erhebung zum Königreich und der Auflösung des Heiligen Römischen Reiches Deutscher Nation hatte Bayern die volle staatliche Souveränität erhalten. Montgelas konnte sein Reformprogramm einer einheitlichen und zentralistischen Verwaltung ungehindert vorantreiben.

Bereits 1799 hatte Montgelas versucht, mit der Schaffung einer »Generallandesdirektion« mit Sitz in München, die insbesondere die kommunale Vermögensverwaltung überwachen sollte, Zugriff auf die Städte zu bekommen. In einem Erlass der Generallandesdirektion vom 31. Dezember 1802 »Die Verbesserung der magistratischen Verfassungen betreffend« wurde das Gerichtswesen und die Polizeihoheit den Kommunen entzogen und die staatliche Kontrolle der Gemeindeverwaltung eingeführt. Dass eine grundlegende Neuordnung der Kom-

Der Grabstein des Kommunaladministrators Joseph Bayer (1764–1811) auf dem Friedhof St. Peter.

munalverwaltung nötig war, hatten Untersuchungen ergeben, bei denen beispielsweise den Straubinger Ratsherren und Bürgermeistern Korruption, Ämterverkauf, Nachlässigkeit in der Rechnungsablage und den Amtsgeschäften nachgewiesen wurde. In allen Haupt- und Regierungsstädten leitete nun ein kurfürstlicher Kommissär die neue Polizeidirektion, kontrollierte das neue Stadtgericht – das über keine Vergehen mit möglicher Todesstrafe mehr urteilen durfte – und hatte in Personalunion als *Stadt-Comissair* auch die Tätigkeit der Ratsherren zu überwachen. In Straubing war es Maximilian Joseph von Wetzstein, der ab 1803 als erster *Stadt- und Polizey-Comissair die Gemeinde-Angelegenheiten durch die magistratischen Verfügungen allmählich dem allgemeinen Staatszwecke unterzuordnen, der Staatsschädlichen Willkühr der Einzelnen den Einfluß zu verwähren, und den landesherrlichen Anordnungen bei eigner Verantwortlichkeit volkommen Vollzug zu verschaffen, so fort dieselben nach Kräften zu unterstützen* hatte. Die Räte, von Wetzstein als *höchst untaugliche, und in jeder Hinsicht schwache Individuen* charakterisiert, standen ihm nur ungern zur Seite. Wetzsteins Nachfolger sprach gar von einem *ferneren Sauenstal*, der in Straubings Verwaltung herrsche.

Im Februar 1805 wurde schließlich die seit dem Mittelalter gültige Regierungs- und Verwaltungsspitze Straubings tiefgreifend verändert: Statt aus vier Bürgermeistern und zwölf inneren bzw. äußeren Räten bestand sie nun nur noch aus einem Bürgermeister und acht »Magistratsräten«. Sie hatten sich unter der Aufsicht des Kommissärs letztlich nur noch um das Steuerwesen, die Gemeindegüter, die geistlichen und weltlichen milden Stiftungen und das Handwerk zu kümmern. Zwei Jahre später wurde Straubing durch die Gründung einer »General-Administration des Stiftungs- und Kommunal-Vermögens« auch noch die finanzielle Selbstverwaltung genommen.

Das Gemeindeedikt vom 24. September 1808 brachte zwar die Anerkennung und Gleichstellung aller Kommunen als öffentliche Korporationen und subjektive Rechtsträger, bestätigte aber auch die Entmachtung und Entmündigung der Kommunen, die ohne Wissen und Genehmigung der staatlichen Aufsicht nichts beschließen durften. Der Kommissär und von ihm ernannte Wahlmänner bestimmten den »Kommunaladministrator«, wie sich nun der Bürgermeister zu nennen hatte, und den vierköpfigen »Munizipalrat«, der im Grunde keinerlei Bedeutung mehr hatte. So finden sich im Ratsprotokoll der folgenden Jahre auch nur wenige Treffen der Räte vermerkt, zumeist ging es nur um die Beratung von Anträgen zur Heiratsbewilligung. Und es verwundert nicht, dass einer der we-

EIN DENKWÜRDIGER TAG FÜR STRAUBING

»Straubing genoß am 4. Junius das unschäzbare Glück, Seine königliche Hoheit unsern durchlauchtigsten Kronprinzen, nebst höchst Dero allverehresten Frau Gemahlinn auf Ihrer Reise durch Niederbaiern zu empfangen. ...

Der angenehmste Tag, von keinem Wölkchen getrübt, von der reinsten Morgenluft umfächelt, erschien. Die militärische Musik belebte die frohen Gemüther noch mehr.

Beide königl. Hoheiten geruhten zu Fuß eine Promenade in- und außerhalb der Stadt zumachen. Begleitet von seiner Excellenz dem Titl. Appellationsgerichts-Präsidenten, und dem königl. Polizei-Kommissär, besahen Höchstselbe das Grabmal Herzog Alberts in der Karmeliten Kirche, das Schulgebäude, die Kapelle der Agnes Bernauerin in der St. Peters Pfarre, diese für jedes fühlende Herz merkwürdige Stätte, das Gebäude des königl. Appellationsgerichts, die Stadt-Pfarrkirche usw., und vergnügten sich nicht nur an der reizenden Lage, und den schönen Umgebungen Straubings, sondern erkundigten sich auch um Verschiedenes, das Wohl der Stadt Betreffende, um die Armen- und Krankenpflege, um die Unterrichts- und andere Wohlttähigkeits-Anstalten usw. und so gelangten Höchst Sie gegen 9 Uhr wieder in das Absteig-Quartier zurück.

Nun wurden, ungeachtet des ermüdenden Ganges, doch sogleich alle dießortigen königl. Beamten, und das Personal anderer Staatsdiener, wie auch das Offizier Corps der Nationalgarde zur Audienz vorgelassen. Beide königl. Hoheiten besprachen sich aufs gnädigste mit jedem Individuum, ermunterten und belebten Alle zugleich durch die begeisterndsten Ausdrücke. Es waren Worte eines baierischen Fürsten-Sprossen an Baier-Herzen gesprochen. Kraft und Huld war die Rede, Dank und Liebe die Antwort.«

(Königl-Baierisches Straubinger Intelligenzblatt v. 8. Juni 1812)

nigen, der über Jahre hinweg sich als Ratsherr und Bürgermeister redlich bemüht hatte, Ordnung in die chaotische Verwaltung Straubings zu bringen, schließlich sogar noch unschuldig der Unterschlagung verdächtigt wurde, Joseph Bayer, bei seinem Tod 1811 auf dem Friedhof St. Peter von seiner Familie ein sprechendes Grabmal erhielt: Ein kleiner Bengel, ein Genius der Trauer, reckt seinen Popo Richtung Rathaus.

Es war klug vom Thronfolger Ludwig, in dieser für die Bürger nicht erfreulichen Situation mit seiner jungen Ehefrau Therese von Sachsen-Hildburghausen der Stadt Straubing einen Besuch abzustatten. Zur Erinnerung an dieses Ereignis, das am 4. und 5. Juni 1812 stattfand, wurden der obere Stadtplatz Theresien- und der untere Stadtplatz Ludwigsplatz benannt. Die Treue zu den Wittelsbachern, dem *angestammten Herrscherhause*, ließen sich die Straubinger nicht nehmen.

Unmittelbare Stadt II. Klasse

Die Gemeindereform 1808 hatte zwar durchaus Miss- und Vetternwirtschaft an der Stadtspitze beseitigt, hatte aber die Stadtgeschäfte auch schwerfällig gemacht: Jegliche Entscheidung musste »nach oben« berichtet und »von oben« abgesegnet werden. Die Unzufriedenheit in den Städten über ihre Abhängigkeit wuchs. Das Gemeindeedikt von 1818 stellte daher die Selbstverwaltung zum großen Teil wieder her, ließ die Bürger – wenn auch nur die vermögende oder gewerbetreibende Schicht – ihre Vertreter selbst wählen, gab ihnen die Verfügung über die Finanzen und die Polizeihoheit zurück. An der Spitze stand der Magistrat, der die Amtsgeschäfte zu erledigen und die Stadt nach außen zu repräsentieren hatte. Er bestand aus acht bis zehn zumeist aus Handel, Handwerk, Gastronomie stammenden und ehrenamtlich tätigen Bürgern, einem rechtskundigen, fest besoldeten Ratsherrn und dem Bürgermeister, der ebenfalls ein Jurastudium nachzuweisen hatte und bezahlt wurde. Ihm zur Seite gestellt wurde das Kollegium der Gemeindebevollmächtigten, 24 bis 30 Bürger, die eine beratende und seit der Gemeindeordnung von 1869 auch eine kontrollierende Funktion hatten. Die *feyerlichen Gefühle* über die neue Gemeindeverfassung taten sich am 19. November 1818 kund in einem Hochamt in St. Jakob, einer festlichen Installation der Magistratsräte und Gemeindebevollmächtigten im Rathaussaal und einem *prächtigen Diner* samt *Bal*. Als Zeichen seiner Amtswür-

Urkataster der unmittelbaren Stadt Straubing (Altstadt am rechten Bildrand), 1827.

de durfte und musste der Bürgermeister nun eine Medaille mit dem Porträt des Monarchen und dem Stadtwappen tragen. Diese »Bürgermeisterkette« gilt bis heute als stolzes Zeichen kommunaler Selbstständigkeit.

1818 wurden die Gemeinden zugleich neu eingeteilt: Städte und größere Märkte wurden zu »Munizipalgemeinden« ernannt und entsprechend ihrer Größe den Klassen I (über 2000 Familien), II (500 bis 2000 Familien) und III (unter 500 Familien) zugewiesen. Straubing, das damals etwa 6800 Einwohner zählte, kam in die Klasse II, blieb aber als ehemalige Hauptstadt direkt der Kreisregierung untergeordnet, wurde also eine »unmittelbare« – heute kreisfreie – Stadt. Im »Gesetz, die Ansäßigmachung und Verehelichung betreffend« (1825/1834) wurde dann staatlicherseits noch festgelegt, wer Stadtbürger werden konnte: Er musste ein *reales oder radiziertes Gewerbe* erwerben, eine *persönliche Gewerbs-Concession* erlangen, einen *auf sonstige Weise vollständig und nachhaltig gesicherten Nahrungsstand* nachweisen oder Grundbesitzer sein; ebenso Voraussetzung waren ein guter Leumund, der Nachweis des 1802 in Bayern verpflichtend eingeführten Schulbesuchs und eine ordentliche Regelung der *Militärverhältnisse*. Der Erwerb des Bürger- bzw. Heimatrechts war für die Einwohner von großer Bedeutung: Denn nur wer ansässig war, durfte heiraten oder im Notfall auf die Fürsorge der Gemeinde vertrauen, zum Beispiel auf einen Platz im Bürgerspital hoffen.

Verlust der überregionalen politischen Bedeutung

Montgelas' Streben nach dem Einheitsstaat traf nicht nur die Ebene der Kommunen, sondern auch der Mittelbehörden. 1802 wurden die Rentämter und damit die Regierungen aufgelöst. Als 1808 Bayern in neue, nach Flüssen benannte »Kreise« eingeteilt wurde, konnte Straubing als Hauptstadt des Regenkreises seine zentrale politische Bedeutung kurzzeitig wieder erlangen. Bereits 1810 erfolgte aber eine neue Kreisorganisation, Straubing kam zum Unterdonaukreis mit Passau als Zentrum. Mittelpunkt eines geografisch neu definierten »Regierungsbezirkes Niederbayern« und damit Regierungsstadt wurde 1838 schließlich Landshut.

Immerhin hatte Straubing 1802 als überregional bedeutsame Einrichtung das »Hofgericht« bzw. »Appellationsgericht« erhalten, das im Regen- und Unterdonaukreis als zweite Instanz für zivilrechtliche und erste Instanz für *peinliche Rechtsfälle* fungierte. Als es 1839 aufgelöst wurde, sandte man als Entschädigung das 4. Jägerbataillon mit 1220 Mann nach Straubing – eine Aufwertung der Garnisonsstadt Straubing, in der seit dem 18. Jahrhundert mit kurzen Unterbrechungen verschiedene landesherrliche Infanterie-, Kürassier- und Jägerregimenter stationiert waren; als Kaserne diente übrigens das Herzogsschloss. Die Zeit, in der in Straubing Verbrechen mit *Todes-, Ketten- und Zuchthausstrafen* geahndet wurden, war aber noch nicht vorbei: Mit der Justizreform 1848 richtete der Staat den Schwurgerichtshof für Niederbayern hier ein.

Straubings Charakter als »Beamtenstadt« prägte auch das 1803 eingerichtete »Landgericht (älterer Ordnung)«; es war verantwortlich für die Rechtsprechung und Verwaltung eines Gebietes, das von Agendorf und Münster an der Südseite des Vorderen Bayerischen Waldes über die Donau bis nach Hankofen im niederbayerischen Hügelland sowie im Gäuboden von Rain bis nach Straßkirchen reichte. 1862 trennte man Justiz und Verwaltung – in ein »Landgericht (jüngerer Ordnung)« und in ein »Bezirksamt«, Vorläufer des Landratsamtes. Noch heute verkündet ein monumentaler Grenzstein im Stadtpark Straubings, an der Regensburger Straße, den Übergang von der »unmittelbaren« Stadt Straubing in den Zuständigkeitsbereich des »Bezirksamtes Straubing«.

Säkularisation: *Auflösung der Klöster*

Für die Einwohnerschaft am meisten augenscheinlich und spürbar wurden all die Umbrüche in Bayern und in der Stadt wohl mit und in der Säkularisation. Sie hatte hier bereits 1802 eingesetzt, also ein Jahr vor der Verkündung des Reichsdeputationshauptschlusses, der die deutschen Fürsten für die Verluste der linksrheinischen Gebiete an Frankreich mit der Aufhebung der geistlichen Hochstifte und Reichsabteien entschädigen sollte und die Einziehung von Kirchen- und Klosterbesitz gestattete, *sowohl zum behuf des Aufwands für Gottesdienst-, Unterrichts- und andere gemeinnützige Anstalten als zur Erleichterung ihrer Finanzen*. Als erstes wurden die Bettelorden aufgelöst, die gemäß dem berühmten Ansbacher Mémoire von Graf Montgelas nur eine Last der Gesellschaft waren, *indem sie auf deren Kosten leben und Unwissenheit und Aberglauben verbreiten*. Betroffen waren zunächst die Kapuziner und die Franziskaner, die Straubing im Frühjahr 1802 verlassen mussten. Ihr Besitz, nicht nur Immobilien, sondern alles, was sich zu Geld machen ließ, wurde versteigert, bei den Franziskanern unter anderem das *Schenkbier*, das *Blumenwerk*, die *Konventuhr*, die *Paramente und Kirchengeräte*. Die Klosterbibliotheken und -archive wurden systematisch gesichtet, die Schätze nach München transportiert, der Rest körbe- und kästenweise verhökert. Die Schutzengelkirche immerhin konnte der Stadtpfarrer von St. Peter als Filialkirche deklarieren und so vor dem Verkauf oder Abriss bewahren – ein Schicksal, dem die Kapuzinerkirche nicht entkam.

Das Kloster der beschuhten Karmeliten in der Neustadt wurde zum »Zentral-« bzw. »Aussterbekloster« bestimmt; die meisten der zur Untätigkeit verurteilten und aufgrund der geringen Pension darbenden Mönche traten aber nach und nach aus, um als weltliche Seelsorger zu wirken. Den Großteil der Gebäude nahm sich der Staat und richtete dort das Gymnasium, das seit dem Stadtbrand 1780 nur notdürftige Unterkünfte gefunden hatte, und eine »Provinzialbibliothek« ein, die Klosterkirche wurde zur Studienkirche bestimmt. In mühsamer und kostspieliger Restaurierungsarbeit wurden 2008 erst wieder die reichhaltigen und programmatischen Fresken des karmelitanischen Bibliotheksraumes freigelegt, die der damalige Provinzialbibliothekar übertünchen ließ, da diese gemalten *Ordensheiligen … sich weder durch Kolorit noch durch einen anderen ästhetischen Wert auszeichnen, sondern vielmehr das Zimmer nur verfinstern*. 1803 folgte dann auch die Auflösung der Klöster und Stifte, die einen Sitz in der Landschaft hatten, in Straubing war dies das Kollegiatstift St. Jakobus und St. Tiburtius.

Halten konnten sich zunächst die Frauenklöster der Ursulinen und Elisabethinen dank ihrer Bildungs- und Krankenpflegearbeit. Man stellte sie aber unter strenge staatliche Aufsicht, verbot Chorsingen und gemeinsame Gebete als Zeitverschwendung, untersagte Neuaufnahmen und die Ablegung von Gelübden. Es war, wie sich die Elisabethinen zutreffend beschwerten, eine Degradierung zu *blos maskierten Krankenwärterinnen*. 1813 wurde der Konvent der Elisabethinen schließlich aufgelöst und das Krankeninstitut in das städtische Krankenhaus überführt. Die Schwestern konnten aber im Klostergebäude wohnen bleiben und überlebten nur dank der Barmherzigkeit und Treue der Altstadtbewohner, die ihnen immer wieder

Lebensmittel zusteckten. Nicht viel besser erging es den Ursulinen, denen es aber wenigstens gelang, Schule und Pensionat eingeschränkt weiterzuführen.

Dass durch die Absenz der Mönche, durch das Verbot von Bittgängen und Wallfahrten, durch die Abschaffung von Feiertagen nicht nur das kirchliche Leben verarmte, sondern auch der bisher selbstverständlich in den Glauben eingebundene Lebens- und Alltagsrhythmus der Bürger sich radikal änderte, zeigt allein das Beispiel der Madonna am Stadtturm. Seit 1675 hatte sich die Bevölkerung an den Vorabenden der Markttage und an allen Frauenfesten unter der Madonna zum Gebet versammelt. 1809 musste die Marienfigur jedoch auf Befehl der Regierung entfernt werden, Zuflucht fand sie im Betschwesternhaus in der Bürg. 1904 kehrte sie im Rahmen einer Stadtturmrenovierung auf ihren alten Platz zurück.

Restauration: neue Hochschätzung der Orden

Mit dem Herrschaftsantritt Ludwigs I. 1825 setzte in Bayern die »katholische Restauration« ein, die auch in Straubing unmittelbar spürbar wurde: Schon 1826 wurde das Ursulinenkloster als öffentliche Unterrichtsanstalt anerkannt, drei Jahre später durften auch die Elisabethinen Kloster und Krankenhaus wieder eröffnen. Länger dauerte es bei den Karmeliten: Hier hatte der Prior P. Petrus Heitzer ausgeharrt und, unterstützt von den Stadtvätern und vom Regensburger Bischof, 1841 von König Ludwig die Bewilligung zur Wiedererrichtung erhalten. Ludwig war ein Schüler und Verehrer des Regensburger Bischofs und Theologen Johann Michael Sailer, dessen Impulse für eine Erneuerung des religiösen Lebens in romantisch-innerlichem Sinn auch in Straubing wirkten – sichtbar in der Kalvarienberg-Kapelle nahe bei St. Jakob, die das erste kirchliche Bauwerk nach den Demolierungen und Plünderungen in der Säkularisationszeit bildete und »eine beeindruckende Inszenierung des Todes Jesu« (Alfons Huber) darstellt.

Die neue Hochschätzung der Orden und Klöster wird auch sichtbar am Wunsch, die Krankenpflege für die Männer

»Cretinenanstalt« bzw. Pflegeanstalt der Barmherzigen Brüder an der Äußeren Passauer Straße, hier in einer Zeichnung von 1907. Heute leben in der Einrichtung 400 Menschen mit Behinderung.

kirchlichen Händen anzuvertrauen. So kamen 1844 die Barmherzigen Brüder nach Straubing und gründeten hier im ehemaligen Franziskanerkloster ein Männerkrankenhaus. Eine weitere eindrucksvolle Sozialeinrichtung Straubings – mit großer Bedeutung für ganz Niederbayern – geht ebenfalls auf die Barmherzigen Brüder zurück: Am 1. Januar 1885 eröffneten sie im ehemaligen Stadtkrankenhaus an der Donau eine *Anstalt für männliche Cretinen*. 1893 bezog man einen Neubau an der Äußeren Passauer Straße, der wegen der großen Nachfrage und des guten Rufs der Anstalt bis zum Ausbruch des Ersten Weltkriegs bereits mehrere Erweiterungen erfuhr; hier wirkte der selig gesprochene Frater Eustachius Kugler, der die Anstalt von 1905 bis 1914 leitete und für 500 Pfleglinge verantwortlich war. Zur *Unterstützung der Armen und Nothleidenden* verpflichteten sich seit der Mitte des 19. Jahrhunderts auch die Frauen des Vinzentius-Vereins, die 1884 zusammen mit dem Orden der Mallersdorfer Schwestern die erste Sozialstation Straubings, das Vinzentiusheim, gründeten. Nach seiner Schließung 2007 wurde es ein Zuhause für Wohngruppen der Katholischen Jugendfürsorge.

Religiöse Toleranz: Protestanten und Juden

Das katholische Altbayern erlebte nicht nur durch die Säkularisation einschneidende Veränderungen, sondern auch durch die verfassungsmäßig garantierte Gleichstellung aller christlichen Konfessionen. Damit war die Voraussetzung für einen protestantischen Neuanfang geschaffen. In Straubing erhielten die Kaufleute Julius Mühleisen und Christian Rall aus Württemberg 1840/1841 als erste Protestanten wieder das Bürgerrecht. Das Haus der Ralls am Ludwigsplatz 32 wurde Mittelpunkt des *kleinen Häufleins von Prostanten in der Stadt* – und ausgerechnet in der barocken, gegenreformatorischen Hauskapelle des zutiefst katholischen Bürgermeisters Simon Höller fand der erste protestantische Gottesdienst statt. 1867 bekannten sich von 11.419 Einwohnern Straubings 180 zum Protestantismus, 110 davon hatten Bürgerrecht, 40 waren Dienstboten, Gesellen und Handlungsgehilfen und 30 Offiziere und Gendarmen. Die Gemeinde etablierte sich: 1854 Ernennung zum Vikariat, 1860 Eröffnung einer protestantischen Schule, 1893 Einweihung der protestantischen Kirche an der Bahnhofstraße und 1896 Erhebung zur Pfarrei. Nun waren die Zeiten vorbei, als man glaubte, unter dem Talar des Pastors verberge sich ein teuflischer Bocksfuß, wie einer der frühen Vikare Straubings berichtete. Der erste protestantische Stadtpfarrer Martin Joch lobte den liberalen Geist in Straubing, den er besonders auch auf Bürgermeister Franz von Leistner zurückführte: *Man darf im Lande weit umhergehen, bis man wieder einen Ort findet, an dem die Kultusgebäude einer Gemeinde in solcher Harmonie beisammen sind wie hier in Straubing.*

Auch bei den jüdischen Glaubensgenossen dauerte es, bis sie diese Toleranz erleben durften. 1829 klagte Abraham Leser, ein seit 25 Jahren in Straubing wohnender jüdischer Handelsmann, dem die Stadtväter verboten, einen jungen Schächter einzustellen: *Den weisesten Maßregeln der erlauchtesten Regierung der Aufklärung des 18. und 19. Jahrhunderts ist es noch nicht gelungen, den finsteren Geist der Judenverfolgung gänzlich zu verbannen, der in manchen Städten als trauriges Erbtheil der Vorzeit noch spukt … Leider habe ich an mir selbst die Erfahrung gemacht, dass Straubing unter die Kathegorie dieser Städte gehört.* Bis zur Gründung des Kaiserreichs 1871, in dem die Gleichberechtigung aller Religionen gesetzlich versprochen wurde, hielten sich in Straubing zumeist nur zeitweise jüdische Händler und Hausierer auf. Für 1896 sind dann bereits 48 Personen jüdischen Glaubens nachweisbar, die nun den Antrag auf die staatliche Anerkennung einer eigenen »Israelitischen Kultusgemeinde« stellten und im Januar 1897 auch genehmigt bekamen. Zehn Jahre später weihten die inzwischen 112 Mitglieder der Gemeinde ihre Synagoge ein, »ein einheitliches, gelungenes Bauwerk« der späten Gründerzeit mit neoromanischen, byzantinischen und Jugendstil-Elementen (Guido Scharrer). Während der Gemeindevorstand Salomon Lippmann bei seiner Rede den *allen unseren Bekenntnissen gemeinsamen Geist wahren Menschentums* und das ruhige Nebeneinander der Konfessionen in Straubing betonte, versprach Bürgermeister Franz von Leistner: *Es sei meine und all meiner Nachfolger heiligste Pflicht, dieses Gotteshaus in ihre Obhut zu nehmen.* Diesen Appell ließ er sogar als – heute noch lesbare – Steininschrift auf der Umfriedung der Synagoge anbringen.

Straubing auf dem Weg zur Schulstadt

Enorm entfaltete sich Straubing auf dem Bildungssektor, beschritt den Weg zur »Schulstadt«. 1824 erhielt die Stadt das einzige Schullehrerseminar Niederbayerns, die spätere Lehrerbildungsanstalt. 1835 folgte das »Taubstummeninstitut«, das sich zum fortschrittlichen Schulzentrum für die Hörgeschädigten Niederbayerns entwickelte und 1904 an der Regensburger Straße ein neues Heim erhielt. 1837 wurde die Landwirtschafts- und Gewerbeschule gegründet, später als »Real-« bzw. »Oberrealschule« und »Ludwigsgymnasium« bezeichnet; sie bot neben dem »alten«, der humanistischen Bildung verpflichteten »Gymnasium« die Alternative eines technisch-praktisch orientierten Unterrichts. Beide Schularten erhielten nach der Jahrhundertwende Neubauten. So wurde 1910 in Anwesenheit seiner Königlichen Hoheit Prinz Ludwig von Bayern am Stadtgraben das neue Gebäude des »Humanistischen Gymnasiums« eröffnet. Hierher gingen auch die Zöglinge des »Bischöflichen

Knabenseminars«, das die Diözese Regensburg 1885 für den Priesternachwuchs, für begabte Jungen aus dem Bayerischen Wald und dem Gäuboden gegründet hatte und das 1906 in einen mächtigen Neubau an der Krankenhausgasse gezogen war. Den architektonisch gelungensten Schulbau, dem ein öffentliches Volksbad angegliedert war, schuf 1912/1913 der bekannte Architekt Robert Vorhoelzer an der Inneren Passauer Straße für die »Kgl. Realschule«.

Bereits 1874 und 1880 hatten die Neubauten der Volksschulen St. Jakob in der Neustadt und St. Peter in der Altstadt architektonisch markante Akzente gesetzt, zudem den Wert signalisiert, den die Stadtväter der Bildung beimaßen. Im Schulbezirk St. Jakob erhielten die Mädchen zudem 1897 ein eigenes Schulhaus, dessen Betrieb die Ursulinen übernahmen. Und 1908 gründete der Magistrat eine städtische Berufsschule mit einer gewerblichen, kaufmännischen und landwirtschaftlichen Abteilung, deren Besuch für die Lehrlinge nun verpflichtend war und die den Grundstein für die heutige, vielfältige Berufsschullandschaft Straubings legte.

Bauliche Entwicklung

Entfestigung der Neustadt

Von städtebaulicher Bedeutung war seit 1805/1806 die Entfestigung der Stadt, die mehr Luft, mehr Licht, mehr Platz für die Bürger schuf. Die nutzlos gewordenen, zum Teil baufälligen spätmittelalterlichen Stadtmauern und Wachtürme wurden im Süden und Osten nach und nach abgerissen, im Norden und Westen an Privatleute verkauft, deren Häuser noch heute die Befestigung säumen. Der Verteidigungsturm am herzoglichen Salzstadel, »Agnes-Bernauer-Turm« genannt, die Fronfeste, der Pulverturm und der Weytterturm, der dann als Polizeigefängnis diente, überstanden diese Zeit. Von den fünf mittelalterlichen Stadttoren blieb nur das Spitaltor im Norden erhalten. Anstatt des abgebrochenen Unteren Tors errichtete man aber einen neuen repräsentativen Stadteinlass in frühklassizistischem Stil; *das im antiken Geschmacke* erbaute Obeliskentor wurde am 12. Oktober 1810, am Hochzeitstag des bayerischen Kronprinzen Ludwig mit Therese von Sachsen-Hildburghausen, eingeweiht und *dem Andenken* an dieses Ereignis gewidmet. Es gab sogar Forderungen, den Stadtturm zu beseitigen: *Wie herrlich wär' es, von jener Stelle, auf welcher jetzt dieser Zahnstocher steht, die ganze Länge der Stadt (842 Schritte), und zugleich auch ihre ganze Breite (410 Schritte) so zu sagen mit einem Blicke übersehen zu können.* Er wurde aber weiterhin als Wachturm im Feuersfalle und als »Zeitkünder« benötigt.

Ausdehnung und Begrünung

Die Bautätigkeit außerhalb des aufgefüllten Stadtgrabens beschränkte sich zunächst fast nur auf Sommerkeller der Brauereien, auf Gartenhäuser und Gärtnereien. Erst in der zweiten Hälfte des 19. Jahrhunderts entstanden besonders in der südlichen Vorstadt entlang der Bahnhofstraße und der Landshuter Straße Wohnhäuser begüterter Unternehmer sowie Wohnblöcke und Werksbauten, vor allem der Ziegeleien. Auch im Bereich »Zwischenstetten«, also zwischen der Neustadt und der Altstadt, verdichtete sich die Bebauung. Hier errichtete man unter anderem das erste Leichenhaus, das auf dem Weg nach St. Peter lag. Zum Allerheiligentag 1879 wurde der überfüllte Bürgerfriedhof St. Peter aber aus hygienischen Gründen geschlossen und der Armen- und Soldatenfriedhof St. Michael zum neuen Zentralfriedhof erklärt. Über die heftigen Proteste, die der Schließung des angesehenen Petersfriedhofs vorausgegangen waren, urteilte Bürgermeister Josef Leeb: *weil es im Grunde immer einerlei ist, ob man in diesem oder jenem Kirchhofe begraben wird und weil nur ungebildete Menschen dort noch auf Vorrechte einen Werth setzen können, wo jeder ohne Unterschied das gleiche Loos der Auflösung erwartet.* Der Friedhof St. Michael erhielt ein neues Leichengebäude, während das alte Leichenhaus zur Stadtgärtnerei umfunktioniert wurde. Der dortige Garten nämlich hatte schon seit einigen Jahrzehnten als städtische Baumschule gedient, die der »Verschönerungskommission« zur Verfügung stand. In ihr widmeten sich engagierte Bürger der Begrünung der Stadt, richteten entlang des Stadtgrabens und des Allachbachs sowie am Bahnhof Parkanlagen ein und pflanzten Alleen.

Kaserne an der Wittelsbacherhöhe (das Offizierskasino im Vordergrund ist heute ein Hotel). – Postkarte um 1910.

Im ausgehenden 18. Jahrhundert hatten die Stadtväter einen Plan von Sir Benjamin Graf von Rumford, im Westen Straubings einen Militär- und Erholungsgarten anzulegen, abgelehnt – zur gleichen Zeit schuf er in München den Englischen Garten. Am Anfang des 20. Jahrhunderts erkannten sie die Bedeutung einer derartigen Anlage für die Erholung der Bürger: Es entstand der Stadtpark mit dem Namen »Prinzregent-Luitpold-Hain«, durch den man zur barocken Wallfahrtskirche Frauenbrünnl und weiter zum Erfrischungen bietenden Hirtenhäusl bzw. Mooshäusl spazieren konnte.

Der Gottesacker St. Peter übrigens wurde nicht wie ursprünglich geplant abgetragen, sondern konnte sich zur romantischen Sehenswürdigkeit, zu einer der bedeutendsten und stimmungsvollsten Friedhofsanlagen im süddeutschen Sprachraum entwickeln, in dem seit dem 14. Jahrhundert erhaltene Grabmäler die Geschichte Straubings und seiner Bürger erzählen. Vielleicht war es gerade die umstrittene Verlegung des Friedhofs, die die Pfarrherren und Pfarrangehörigen von St. Peter 1887 zu einer deutlichen Umgestaltung ihrer Basilika trieb: Sie erhielt einen zweiten mächtigen neoromanischen Turm.

Der »örtliche Bauboom« (Helmut Erwert) um und nach der Jahrhundertwende ließ nicht nur im engeren Umfeld der Neustadt, im Osten und Süden repräsentative »öffentliche« Gebäude wie den Schlachthof und das Elektrizitätswerk, das Bischöfliche Studienseminar und die Realschule, das Amtsgericht, das Gymnasium und die Staatsbank, die Synagoge und das Marienheim für Senioren entstehen. Man griff nun auch weiter aus: Im Südwesten wurde 1904/1905 die »Eskadron-« bzw. »Kavallerie-Kaserne« errichtet und damit die Bedeutung Straubings als Garnisonsstadt bestätigt. In die neue Kasernenanlage zog das 7. Chevauleger-Regiment »Prinz Alfons von Bayern« mit etwa 800 Leuten ein. Im Südosten an der Straße nach Passau bildet seit 1901 neben der Pflegeanstalt der Barmherzigen Brüder das große Areal der »Königlichen Strafanstalt Straubing« für tausend Gefangene eine Welt für sich.

Die Handwerkerstadt

Wirtschaftlich konsolidierte sich Straubing als eine Stadt der Handwerker, Bauern, Gärtner und Händler, die nach den Turbulenzen der ersten beiden Jahrzehnte des 19. Jahrhunderts sich solide und stetig entwickelte. 1843 wurde sie gerühmt als eine Stadt *groß und bedeutsam unter ihren Mitschwestern*, die sich *durch Bevölkerung, Vermögen und gemeinnützige Anstalten und Stiftungen, im Innern durch Gewerbsamkeit, fleißigen Bau des physischen und literärischen Felds* auszeichnete. Und hatte der Stadtkommissar 1814 noch zahlreiche Beschäftigungslose, Almosenempfänger, Bettler und Prostituierte, also einen *umfangreichen Pauperismus* sowie viele in *Noth, Dürftigkeit und Armuth* lebende Gewerbetreibende beobachtet, so wurde im Physikatsbericht von 1859, einer genauen Beschreibung Straubings in topografischer und ethnografischer Hinsicht, festgehalten: *Im Ganzen herrscht hier ein ziemlicher Wohlstand, der sich aber vorzüglich vom Verkehr mit dem Landvolke herschreibt …Wirklich unverschuldete Arme gibt es hier nicht. Wer arbeiten mag, findet hier immer Beschäftigung und gute Zahlung.*

Straubing konnte sich also gerade durch seine differenzierte gewerbliche Wirtschaft behaupten – 1830 zählte man beispielsweise 454 Gewerbebetriebe in 113 Branchen, organisiert in 48 Zünften oder Gewerbevereinen; am stärksten vertreten waren Schuhmacher (33), Schneider (29), Bäcker (23), Bierbrauer (23), Metzger (22), Händler (14), Fischer und Fischhändler (11), Weinwirte (11), Fragner (Krämer, 10), Müller (10) und Weber (10). Zur Jahrhundertmitte klagten die Meister, dass sie nicht genügend Gesellen hätten, um all die anstehende Arbeit erledigen zu können.

Das Schicksal der Weber

Das Handwerk erlebte im 19. Jahrhundert durch den industriellen Prozess und eine Lockerung der zünftischen Bindung, die in der Einführung der völligen Gewerbefreiheit 1868 gipfelte, einen tief greifenden Wandel. Dies wurde gerade in einer handwerks- und nahhandelsorientierten Stadt wie Straubing spürbar und lässt sich am Beispiel der Weber gut verfolgen. 1810 waren alle zehn Weberkonzessionen besetzt. Die Weberzunft versammelte sich vierteljährlich zur Regelung ihrer Angelegenheiten, unter anderem der »Aufdingungen« der Lehrlinge, der Freisprechungen der Gesellen und der Meisterwerdungen, der Schlichtung von Streitfällen oder der Abhaltung von Jahrtagen und Seelenmessen. Die wirtschaftliche Lage verschlechterte sich aber immer mehr, etliche Weber wurden Almosenempfänger – nicht nur wegen der billigeren Konkurrenz der Landweber und der importierten »Industrieware«, sondern auch wegen ihrer mangelnden Bereitschaft, sich auf eine bessere Ausbildung und neue Techniken einzustellen, wie Bürgermeister Gottfried Kolb enttäuscht feststellte: *Mit solchen Leuten, die lediglich nur Sinn für den althergebrachten Zunftgeist, für alles Übrige aber taub und stumm sind, lässt sich mit dem besten Willen nichts unternehmen.* 1855 zählt man noch acht Weber, 1877 sechs. Die Zunft bzw. der Gewerbeverein der Weber hatte sich aufgelöst, ein Nachweis qualifizierter Ausbildung war nicht mehr nötig (damit gehörten auch die wandernden Handwerksburschen, denen im »Bruder Straubinger« ein unsterbliches Denkmal gesetzt worden ist, der Vergangenheit an). 1895 übten nur noch zwei Webermeister ihr Handwerk aus, es gab keinen Tuchmacher mehr, dafür war die Zahl der Handlungsgeschäfte innerhalb von fast zwanzig Jahren von 43 auf

125 gestiegen. Tuch-, Schnittwaren- und Kleiderhändler hatten das Weberhandwerk ersetzt. Vor allem jüdische Kaufleute eröffneten am Ludwigsplatz große »Modewarenhäuser« wie Emanuel Schwarzhaupt, Julius Rosenthal, David Forchheimer, Arndt Sallinger.

HINTERGRUND

WER IST DER BRUDER STRAUBINGER?

»Ey grüß' dich Broder Straubinger, Mir freuts, daß ich dir sehe!«
So ließ zwischen 1817 und 1820 der Landshuter Medizinstudent Carl Theodor Müller ein studentisches Sauflied beginnen – und schuf damit die unsterbliche literarische Figur des »Bruder Straubinger«. Ein wandernder Schneidergeselle, »der Bruder Brandenburger«, klagt in Müllers Gedicht zwei Kollegen, dem »Bruder Straubinger« und dem »Bruder Straßburger«, seine üblen Erlebnisse mit den Landshuter Studenten.

Die derb-heiteren Gedichte, Lieder und Aufsätze Müllers, der Straubing als junger Lehrling der Löwenapotheke kennengelernt hatte und nach seinem Studium als Kötztinger Amtsphysicus und Vohenstraußer Bezirksarzt wirkte, wurden 1826 erstmals veröffentlicht. Der »Bruder Straubinger« trat seinen Siegeszug an, tauchte in vielerlei Gedichten und Volksliedern, in Bilderbüchern und Operetten auf, fand Eingang in den allgemeinen Sprachgebrauch und in das »Deutsche Wörterbuch« der Gebrüder Grimm: *Straubinger, wandernder Handwerksbursche, von dem Ortsnamen Straubing abgeleitet …*

In den zünftisch geordneten Handwerken mussten bis weit in das 19. Jahrhundert hinein die Gesellen nach Ablauf ihrer Lehrzeit »auf die Walz« gehen, um Erfahrungen zu sammeln, aber auch – wenn keine elterliche Handwerksgerechtsame daheim wartete – um sich irgendwo eine neue Existenz zu schaffen. In Straubing als Sitz der zünftischen Hauptladen für weite Gebiete des Bayerischen Waldes und der Donau wurden die Wanderbücher ausgestellt, die die Stationen der Gesellen genau festhielten. Der »Bruder Straubinger« wurde das Sinnbild des reisenden Handwerksburschen, schlank, tüchtig und fröhlich, in Biedermeiertracht mit Zylinder, Knotenstock und Felleisen. Später entwickelte sich noch eine zweite Bedeutung: der »ewig Wandernde«, der Vagabund, Landstreicher, Streuner, Strolch, Bettler und Lump.

Hermann Hesse berichtete in seiner Erzählung »Unterm Rad« über die *wundervolle Poesie des Handwerksburschenlebens: … Jeder Pennkunde und Fechtbruder hat, wenn er ins Erzählen gerät, ein Stück vom unsterblichen Eulenspiegel und ein Stück vom unsterblichen Straubinger in sich.* Im Briefwechsel von Friedrich Engels und Karl Marx tauchen öfters die Straubinger als abfällige Bezeichnung für »kleinbürgerlich« denkende Menschen und politische Gegner auf.
Der »Bruder Straubinger« erhielt 1962 in der Wittelsbacher Anlage an der Ecke des Stadtgrabens/Steinergasse ein bronzenes Denkmal, entworfen von dem Straubinger Künstler Karl Tyroller. 2005 wurde es auf den Steiner-Thor-Platz versetzt.

Die Markt- und Bauernstadt

Straubing war seit dem Mittelalter der Warenumschlagplatz für den Gäuboden und den Bayerischen Wald mit einem reichen Markttreiben. 1840 wurden die acht Jahrmärkte jeweils von annähernd 200 Händlern und Krämern beschickt. Sie machten Straubing zu einer *Marktbudenstadt, die einen großen Theil der Gewerbs- und Handelsgewinne vielen Auswärtigen, Fremden und Ausländern überlässt,* wie Gottfried Kolb spöttisch feststellte. Er förderte von 1826 bis 1852 als liberaler, fortschrittsorientierter Bürgermeister die wirtschaftliche Entwicklung seiner Stadt nach Kräften. Er stieß beispielsweise 1841 die Gründung einer städtischen Sparkasse für die *Volksklassen* an, die *in Absicht auf Sicherstellung ihrer ordentlichen Subsistenz auf Arbeitsamkeit und Sparsamkeit angewiesen erscheinen.* Die Jahrmärkte reduzierte er auf vier Stück und erhöhte dadurch nicht nur deren Attraktivität, sondern belebte auch den Umsatz bei den Straubinger Geschäftsleuten außerhalb der Marktzeiten. Weniger erfreut waren die vielen Wirte und Brauer, die sich am Unteren Tor, in der Steinergasse, der Fraunhoferstraße, der Simon-Höller-Straße häuften – hier boten sie nicht nur Speis und Trank, sondern auch Einstellmöglichkeiten für die Fuhrwerke und Gäuwagerl.

Ebenfalls seit dem Mittelalter fand jeden Samstag auf dem Theresienplatz der Getreidemarkt, die »Schranne«, statt: »Sie war eigentlich der Wirtschaftsmittelpunkt der Stadt und gab ihr das ureigenste Gepräge als Bauernstadt« (Hanns Rohrmayr), sie dokumentierte auch die Straubing auszeichnende Lage *mitten in dem beßten Kornmagazin.* In der Mitte des 19. Jahrhunderts stand Straubing im Getreideumsatz mit München und Landshut an der Spitze der über 160 bayerischen Schrannen. Der zunehmende Direktverkauf des Getreides »ab Hof« an die Kunstmühlen und Brauereien, die Entstehung landwirtschaftlicher Lagerhäuser, die Eisenbahn mit ihrer kostengünstigen und raschen Transportmöglichkeit brachten den städtischen Schrannen das Ende. So erlosch Anfang des 20. Jahrhunderts in Straubing diese Tradition. Eine besondere Anziehungskraft hatten auch die Vieh-, Pferde- und Schweinemärkte, zu denen die Käufer und Verkäufer aus Bayern, Böhmen und Württemberg kamen. Der rege Umsatz an diesen Markttagen veranlasste den Stadtmagistrat sogar, im Jahr 1861 eine Niederlassung der »Königlichen Bayerischen Bank«, später umbenannt in »Staatsbank«, nach Straubing zu holen. Beim Ernteding- bzw. Gesindemarkt, im Volksmund *Sklavenmarkt* genannt, versammelten sich seit der ersten Hälfte des 19. Jahrhunderts im Frühsommer Bauernsöhne und -töchter, Taglöhner und Holzknechte aus dem Bayerischen Wald an der Westseite des Stadtturms, um bei den Gäubodenbauern für einige Wochen Arbeit zu finden. Eher von regionaler und lokaler Bedeutung waren der Kartoffel- und Krautmarkt, der Holz- und Besenmarkt, der Geflügel- und Taubenmarkt, der Viktualienmarkt oder die bis heute täglich auf dem Ludwigsplatz anzutreffenden Gemüsestände der Altstädter Gärtner. Ein »Verzeichniß sämmtlicher Bürger und Hauseigenthümer der Hauptstadt Straubing und ihrer Vorstädte« aus dem Jahr 1818 gibt 778 Häuser an, davon standen 295 in der Altstadt und allein 103 davon gehörten *Gartlern.* Kurz vor Ausbruch des Ersten Weltkrieges gab es etwa 300 Landwirtschaften und Gärtnereien in Straubing.

Da Straubing also … *für landwirtschaftliche Erzeugnisse der lebhafteste Markt des Unterdonaukreises* war, wie Generalkommissar Sigmund von Kreith konstatierte, hielt man hier 1812 auch das erste niederbayerische Landwirtschaftsfest ab. Es entwickelte sich zum zweitgrößten Volksfest Bayerns und zu einer der wichtigsten und bekanntesten Attraktionen Straubings.

DAS STRAUBINGER GÄUBODENVOLKSFEST, »A TRUMM VOM PARADIES«

Am 12. Oktober 1810 heiratete Kronprinz Ludwig Prinzessin Therese von Sachsen-Hildburghausen. Aus diesem Anlass wurde auf der »Theresienwiese« in München für die Bevölkerung ein großes Pferderennen veranstaltet – es war die Geburtsstunde des »Oktoberfestes«. Entscheidend für die weitere Gestaltung dieses Festes war der »Landwirtschaftliche Verein« in Bayern, der sich die Verbesserung der rückständigen Landwirtschaft zum Ziel setzte und durch »Landwirtschaftsfeste« die Bauern zum Fortschritt anregen wollte. Das Münchner Pferderennen wurde nun jährlich mit einem »Zentrallandwirtschaftsfest« verbunden, das eine Viehausstellung und -beschau sowie die Prämiierung *für die im Vaterlande erzeugten und erzogenen sowie zur besten Zucht ausgezeichneten Viehstücke, Hengsten, Stuten, Stiere, Kühe, Widder, Schweinsbären und Schweinsmütter* bot.

Nach dem Münchner Vorbild wurden auch in den einzelnen Kreisen Bayerns Landwirtschaftsfeste abgehalten. Für den Unterdonaukreis (in etwa dem heutigen Regierungsbezirk Niederbayern vergleichbar) fand am 12. Oktober 1812 die erste derartige Veranstaltung in Straubing auf dem Hagen, dem traditionellen Festplatz, statt. In einem Brief schilderte der Generalkommissar des Unterdonaukreises Graf Kreith König Max I. Josef den glänzenden Erfolg des ersten Straubinger Landwirtschaftsfestes: *Ich kann Eurer Königlichen Majestät den tiefen Eindruck, den dieses Fest auf alle Anwesenden machte, nicht genug schildern. Mehrere tausend Menschen waren ... zur Stadt gekommen ... Ich habe kein Fest gesehen, das mit mehr Herzlichkeit und Ordnung begangen wurde.* Auf den Protest Passaus hin einigte man sich ab 1819 auf eine abwechselnde Abhaltung in Straubing und Passau, seit 1839 wurde auch die neue Regierungsstadt Landshut, seit 1869 Deggendorf in die Festorte mit aufgenommen. Im Verlauf des 19. Jahrhunderts bekamen die Feste immer mehr Volksfestcharakter, nicht nur mit den von Anfang an vertretenen Pferderennen, sondern auch mit Schießwettbewerben, Kegelscheiben, Ringelreihen, Festzügen, Feuerwerken, Glückshäfen, Wein- und Bierzelten und Schaubuden. Den Lehrcharakter der Landwirtschaftsfeste ergänzten zudem Ausstellungen für landwirtschaftliche Geräte, für Geflü-

Postkarte zum Jubiläumsvolksfest 1912.

gel-, Schweine- oder Bienenzucht und Ähnliches mehr. Da Straubing 1898 überraschend eine Absage für die Ausrichtung des Festes erhielt, beschlossen die Stadtväter ein eigenes »Straubinger Volksfest« zu organisieren. Der bis heute gültige Name »Gäubodenvolksfest Straubing« wurde 1938 geprägt. Das zweitgrößte Volksfest in Bayern mit angeschlossener Ostbayernschau, einer überregionalen Verbraucherschau, zieht inzwischen jährlich etwa 1,4 Millionen Besucher an. Wie Einheimische und Gäste das Fest empfinden, hat 1927 der Heimatdichter Max Peinkofer treffend formuliert:
Was's Volksfest z'Straubing is? / A Trumm vom Paradies!

Einzug der Moderne

Gasbeleuchtung und Wasserversorgung

In der zweiten Hälfte des 19. Jahrhunderts hielt die »Moderne« allmählich Einzug: *Die Verwendung des Leuchtgases zur Beleuchtung von Straßen und Plätzen hat sich in neuerer Zeit so sehr verbreitet, dass nun auch in Bayern beinahe alle größeren Städte Gasfabriken besitzen, weil bei einer großen Consumtion die Preise des Leuchtgases sich so billig berechnen, dass sie die Kosten der Oel- und Canphin-Lampen u. dgl. wenig oder gar nicht übersteigen, und weil das Gas nicht nur ein schöneres und angenehmeres Licht erzeugt, sondern auch den Vorteil gewährt, dass das häufige und mühsame Reinigen der mitunter komplizierten Oel- und Canphinlampen erübrigt wird, das Anzünden und Auslöschen der Gaslampen sehr bequem ist, und der Verbrauch des Gases durch die Gasometer leicht und genau kontrolliert werden kann.* Mit diesen Argumenten schaffte es der fortschrittliche Eisenhändler und Magistratsrat Georg Niedermayer beispielsweise, dass 1862 eine Gasfabrik in der Straubinger Donaugasse errichtet wurde und noch im selben Jahr in den Straßenlaternen rund um den Stadtplatz das Gaslicht anging. Auch die städtische Wasserversorgung sollte reformiert werden. Daher vergab man 1882 das marode Wasserwerk Unterm Rain an einen Privatunternehmer, der aber den ständig steigenden Anforderungen nach mehr Wassermenge und größerem Rohrnetz nicht gerecht werden konnte. 1906 ging die Wasserversorgung wieder in städtische Hände zurück. Der Ausbau der Kanalisation wurde seit 1865 endlich und zügig in Angriff genommen, 1913 umfasste das überwiegend gemauerte Kanalsystem zwanzig Kilometer (und im Jahr 2018 280). Sichtbar wurde der technische Fortschritt besonders an der 1896 eingeweihten Eisenfachwerkbogenbrücke, die die alte Holzbrücke beim Herzogsschloss ersetzte, die Schifffahrt wesentlich erleichterte und eine bequeme Verbindung zur Gstüttinsel bot.

Großprojekte: Schlachthof, Strafanstalt, Elektrizitätswerk

Der Ende November 1899 eröffnete städtische Schlachthof war nicht nur einer der modernsten Schlachthöfe Europas, der sogar in der damals deutschen Kolonie Tsingtau/China nachgeahmt wurde, sondern er wurde unter seinem ersten Direktor

Dr. Hugo Heiss auch zum Geburtsort des schmerzlosen Tötens von Schlachttieren.

Dass nicht nur der Stadtmagistrat, sondern auch die in Straubing tätigen Priester den wirtschaftlichen Aufschwung Straubings und damit das Wohl ihrer Pfarrkinder im Auge hatten, bewiesen Franz Xaver Scheubeck und Jakob Wagner, der Stadtpfarrer und der Prediger von St. Jakob. Der eine sorgte zusammen mit dem weitsichtigen Bürgermeister Franz von Leistner für die Ansiedlung einer Strafanstalt für fast tausend Gefangene: 1901 wurde die Justizvollzugsanstalt an der Äußeren Passauer Straße eröffnet, bis heute eine der sichersten Haftanstalten Deutschlands. Der andere gründete 1904 die »Straubinger Handwerker-Creditgenossenschaft«, seit 1964 Volksbank genannt, um gerade weniger begüterten Personen *die Beschaffung der im Gewerbe und Wirtschaft … nötigen Geldmittel* zu erleichtern. Großprojekte wie der Schlachthof, die Strafanstalt oder die ebenfalls in Angriff genommene Erweiterung des Bahnhofs initiierten wiederum die Modernisierung der Energieversorgung. 1901 ging das Elektrizitätswerk an der Sedanstraße in Betrieb und erfüllte den Wunsch der Bevölkerung *nach besserer Beleuchtung der Häuser, Straßen und Plätze*, nach einer *leicht zu beschaffenden und jederzeit zur Verfügung stehenden* Betriebskraft für Handwerk und Handel.

Ziegeleien, Brauereien und Baugeschäfte

Industrie entwickelte sich kaum. Begünstigt durch die lehmhaltige Erde des Gäubodens und die steigenden staatlichen Vorschriften zum Feuerschutz, die den Holzbau zurückdrängten, aber auch durch die allmähliche Ausdehnung der Stadt ging man zumindest im Ziegelwesen zur industriellen Produktion über. 1875 gab es zehn, 1914 sechs Ziegeleien, von denen heute noch die Dachziegelwerke Jungmeier (2006 von der Fa. Wienerberger übernommen) bestehen. Es waren übrigens 337 Ziegelarbeiter und -arbeiterinnen, darunter viele italienische Wanderarbeiter, die 1906 zum ersten Mal zum Mittel des Streiks griffen, um höhere Löhne und eine kürzere Arbeitszeit durchzusetzen.

Die Justizvollzugsanstalt Straubing wurde 1901 als »Kgl. Strafanstalt« eröffnet. Postkarte um 1903.

Ebenfalls ein Konzentrationsprozess fand im Brauwesen statt. Die Mitte des 19. Jahrhunderts gezählten 25 Brauereien konnten auf Dauer nicht bestehen, zu oft kamen Anwesen und Braurecht *auf die Gant*, wurden also versteigert. Hier erwarben unternehmerisch denkende Braumeister wie Johann Nepomuk Loichinger einzelne Wirtshäuser mit Braurechten, die sie aber ruhen ließen, und erhöhten dadurch den Ausstoß und die Produktion ihrer eigenen Brauereien, die sie technisch auf den neuesten Stand brachten; so führte Loichinger 1864 die erste Dampfmaschine in Straubing ein, errichtete sein Nachfolger Jakob Philipp Dietl 1907 an der Regensburger Straße eine moderne Brauerei. Bis zum Ausbruch des Ersten Weltkriegs sank die Zahl der Brauereien auf zehn. Heute wird noch in zwei, seit dem Mittelalter nachweisbaren Brauereien, der »Karmelitenbrauerei« und der »Röhrlbrauerei« Bier produziert. Ein Straubinger Brauer schrieb übrigens auch Kinogeschichte: Ludwig Neumayer eröffnete 1899 in seinem Wirtshaus am Theresienplatz nicht nur »das erste ortsfeste Kino Bayerns« mit »bestens besuchten« Filmvorführungen (Ulrich Lehner), sondern gründete acht Jahre später auch die erste bayerische Filmfabrik mit dem Namen »Bavaria-Film« und dem Stadtturm als Firmenlogo. Eine erste Maschinenfabrik findet sich im Adressbuch von 1893 verzeichnet, die Firma Hermann Sinz. Bis 1914 gesellten sich noch die Motorenfabrik Franz

Xaver Kulzer und die Eisenwarenfabrik Josef Mitterer hinzu, die zum Beispiel Telegraphenstangen herstellte. Einen enormen Anstieg erlebte das Baugewerbe, 1914 zählte man 22 Baugeschäfte. Die »Villa Katharina«, die sich der reiche Baumeister Franz Dendl in der Kolbstraße, unweit seiner Baufirma und seines Dampfsägewerks, leistete, ist ein sprechendes Zeugnis für diesen Aufschwung.

DAS STRAUBINGER TAGBLATT, HEIMATZEITUNG SEIT 1860

Die Eröffnung der Eisenbahnlinien 1859/1860 nach München, Regensburg und Passau verbanden Straubing rascher mit »der Welt« – ebenso wie die von dem jungen Landshuter Buchdrucker Clemens Attenkofer gegründete erste Tageszeitung Straubings: *Auch Straubing entbehrte, wie die allgemeine Stimme darthut, seit längerer Zeit sehr ungerne eines Lokalblattes, das Heimisches und Hiesiges mitgetheilt und besprochen, das was im engern und weitern Vaterlande und draußen in der Fremde sich zuträgt, erzählt und sonstiges für die Oeffentlichkeit und das allgemeine Interesse Wichtiges und Passendes berichtet hätte.* Das »Straubinger Tagblatt«, das am 1. Oktober 1860 zum ersten Mal erschien und in der Folgezeit eine konservativ-katholische Prägung nahm, überstand sämtliche Gegengründungen, unter anderem die liberale »Straubinger Zeitung«. Es ist heute die einzige Tageszeitung der Region. Die Mediengruppe »Straubinger Tagblatt/Landshuter Zeitung« (1951 übernommen) umfasst inzwischen 16 Bezirksausgaben und seit 2014 auch die Münchner »Abendzeitung«.

Die Verlegerfamilie des »Straubinger Tagblatts« war und ist gegenüber den neuesten Errungenschaften der Technik stets aufgeschlossen. So standen die Mitarbeiter der Cl. Attenkofer'schen Kunst- und Buchdruckerei im November 1901 staunend vor einem technischen Meisterwerk, der Zeilensetz- und Gießmaschine »Linotype«, die Georg Huber als einer der ersten Druckereibesitzer Bayerns erworben hatte. Und 2010 investierten seine Nachfahren in eine hochmoderne Nassoffsetrotationsmaschine, mit der pro Stunde 45.000 farbige Zeitungsexemplare mit 64 Seiten produziert werden können.

Der fortschrittliche Verleger Huber gründete 1912 übrigens sogar ein »Industrie-Propaganda-Büro«, das sich für eine stärkere industrielle Ausrichtung der nach wie vor stark agrarisch orientierten Stadt einsetzte: *Welche Hauptfaktoren müssen in Betracht gezogen werden, wenn es gilt, Industrie ins Leben zu rufen? Billige Betriebskraft, nicht zu teuere Arbeitskräfte, billige Beschaffung von Rohstoffen und vor allem mäßige Beförderungskosten der fabrizierten Ware ... In ganz Bayern dürfte keine Stadt zu finden sein, die infolge ihrer natürlichen Lage und der wirtschaftlich-geographischen Verhältnisse so prädestiniert zum Industriezentrum ist wie die Stadt Straubing an der Donau ...* Seine Pläne, zu denen auch der Bau eines Donauhafens gehörte, scheiterten aber an mangelnder kommunaler wie staatlicher Unterstützung. Hubers Traum eines *Industriezentrums* Straubing erfüllte sich mit Ausnahme des Hafens bis heute nicht.

Politische Einstellung und gesellschaftliches Leben

Die Vergnügungen der Straubinger

Bereits der bekannte Malerpoet des Biedermeier, Carl Spitzweg, der 1829 als Gehilfe in der Löwenapotheke in Straubing arbeitete, hatte vom regen gesellschaftlichen Leben in Straubing berichtet, von Theateraufführungen, bei denen er mitspielte, von Tanzfesten und *Wonnefahrten* auf der Donau, hatte sich die gleiche modische Kleidung, gemusterte Sommerhosen und Schirmkappen, besorgt, wie sie hier üblich waren. Der Physikatsbericht von 1859 nennt als Vergnügungen der Straubinger die Besuche der Sommerkeller und Tanzmusiken im Sommer, im Winter ginge man auf Faschingsbälle, vergnüge sich auf Schlittenfahrten und auf der Eisbahn, ließe sich durch Wanderschauspieler unterhalten. Und als *Charakter der hiesigen Bürger und Einwohner* hält er fest: *im Ganzen gutmüthig, offen und ehrlich und gerade, wenn auch mitunter dazu veranlasst derb.* Eduard Duller, ein englischer Reiseschriftsteller, sprach von der *Behäbigkeit und dem Materialismus des Lebens der Straubinger: Dadurch kündet sich Straubing sogleich als echt altbayerische Stadt an. Hier ... entfaltet der Genuß als unumschränkter Herrscher sein lockendes Panier, und freudig gehorcht ihm das Volk und folgt ihm, wohin er es führt.*

»Dem Regentenhaus treu ergeben«

Diese »Behäbigkeit« schlug sich offenbar auch in der politischen Gesinnung nieder. So blieben die revolutionären Ereignisse von 1848 zunächst eher unbeachtet, wie der Regierungspräsident von Niederbayern damals zu berichten wusste: *Die Märzbewegung des Jahres 1848 hat zu Straubing und in der Umgegend dieser Stadt ebenso wenig einen günstigen Boden gefunden, als in den Schwesterstädten Landshut und Passau, weil die Bevölkerung daselbst dem angestammten Regentenhaus treu ergeben, mit der Staatsverfassung zufrieden ist und sich ohne besondere Teilnahme an politischen Ereignissen ihren häuslichen und gewerblichen Angelegenheiten hingibt.* Begeistert, mit *tausendfachem Vivatrufen*, empfing die Bürgerschaft stets die Majestäten: 1812 und 1830 zum Beispiel den Kronprinzen und König Ludwig I., 1848 den neuen König Max II., 1887 den Prinzregenten Luitpold oder 1914 König Ludwig III. Eher Österreich als Preußen zugewandt wäre der Bevölkerung ein großdeutsches Kaiserreich lieber gewesen als die 1871 realisierte kleindeutsche Lösung unter preußischer Führung; in erster Linie aber galten die patriotischen Gefühle dem wittelsbachischen Bayern. Ein Straubinger schaffte es sogar in die einflussreiche Nähe des Königshauses: Der Jurist Otto von Dandl, am 13. Mai 1868 als Sohn des Rechtsrates im Rathaus geboren, leitete die königliche Geheimkanzlei und stieg 1917 zum bayerischen Ministerpräsidenten auf.

Buntes Vereinsleben

In der zweiten Hälfte des 19. Jahrhunderts fanden sich die Bürger zunehmend in vielerlei Vereinen zusammen, die Unterhaltung und Geselligkeit, Sport und Bildung boten. Man traf sich in den Gesellschaften der Rothkäppler, der wandernden Schildler, des Frohsinns, der Hilaritas, der Harmonie, der Gmüathlich'n, im Rauchclub und im Ritterbund Falkenfels, sang im Liederkranz oder im Vocal-Quartett-Verein, sportelte im Ruderclub, Velociped-Club oder Turnverein, lernte im Gabelsberger Stenographenverein, war im Fischzucht-, Bienenzucht- oder Geflügelzuchtverein aktiv. Der 1873 gegründete Zucht- und Trabrennverein machte Straubing bis zur zweiten Hälfte des 20. Jahrhunderts sogar zu einer der führenden Rennsportstädte Süddeutschlands, wovon die 1901 eröffnete

Gruß aus Straubing. – Postkarte um 1901.

Trabrennbahn noch Zeugnis ablegt. Rein karitative und religiöse Vereine waren der Vinzentius-Verein, der St. Johannisverein oder der Verein zu ewigen Anbetung des Allerheiligsten Altarsakraments. Fromme und tatkräftige Bürgersfrauen sorgten Anfang des 20. Jahrhunderts im Marienheim-Verein für die Errichtung eines Seniorenheimes und einer Haushaltungsschule.

Angesehene Kaufleute und Handwerksmeister gründeten bereits 1848 zur Vertretung ihrer wirtschaftlichen Interessen und zur Förderung des Gewerbefleisses den Gewerbeverein; er baute den ehemaligen Emmeramer Kasten zum »Gewerbehaus« um, in dem auch ein Stadttheater Platz fand.

Den Sorgen und Nöten der unteren sozialen Schichten widmeten sich mit dem Ziel der Selbsthilfe christlich-soziale Standesvereine wie der Katholische Gesellenverein, der Katholische Arbeiterverein, der Evangelische Handwerkerverein, einige sozialistisch orientierte Fachvereine, zum Beispiel die Organisationen der Fabrik-, Land- und Hilfsarbeiter, sowie politisch unabhängige Krankenunterstützungsvereine wie die der Metzger und Zimmerer. Politische Ideen klangen durchaus im Pius-Verein an, der »die Verbindung von Thron und Altar und damit das monarchische Prinzip verteidigte« (Guido Scharrer). Die *goldenen Früchte der Freiheit, des Rechtes, der Gleichheit vor dem Gesetz, des Lichts und der Wahrheit, der Billigkeit und Humanität* forderte zur Mitte des 19. Jahrhunderts hingegen der nur einige Jahre bestehende Arbeiterbildungsverein. Der Verein Hammerzunft, dessen Kern Bauarbeiter bildeten, stand, misstrauisch beäugt von der Stadtobrigkeit, der Sozialdemokratie nahe. Ein Ortsverein der SPD gründete sich aber erst im Jahr 1904. Bereits drei Jahre vorher war aus dem Katholischen Männerverein die Ortsgruppe der katholisch-konservativ eingestellten Zentrumspartei hervorgegangen, die unangefochten die politische Führungsrolle innehatte. Die liberal orientierten Bürger fanden sich im Fortschrittlichen Volksverein zusammen.

Stolz auf die eigene Stadt

Der »Bayerische Waldverein«, der auch in Straubing eine Sektion erhielt, hatte eine wichtige Funktion in der Erschließung Niederbayerns für den Tourismus. Der erste Stadtführer Straubings war übrigens 1888 erschienen, gegen Ende des 19. Jahrhunderts setzte eine rege Produktion von Postkarten ein, die Bierbrauersfamilie Neumayer eröffnete 1902 ein Luxushotel. Die Straubinger entdeckten die Attraktivität ihrer geschichtsträchtigen Stadt auch für Fremde. Hierzu trugen sicher die 1880 eröffnete »Historische Sammlung«, das heutige Gäubodenmuseum, und der 1898 ins Leben gerufene Historische Verein für Straubing und Umgebung mit seinem Ziel der *Weckung und Förderung des historischen Sinnes* bei; ihm ist es zu verdanken, dass das *völlige Dunkel*, das insbesondere über die *Niederlassungen der Kelten und Römer* herrschte, in zahlreichen Ausgrabungen *aufgehellt* wurde.

Der Stolz auf Bauwerke, Ereignisse oder Persönlichkeiten der eigenen Stadt hatte sich – ganz im romantischen Zeitgeist – schon in der ersten Hälfte des Jahrhunderts angekündigt: mit der Publikation grundlegender Stadtgeschichten und der Umbenennung von Straßen nach bekannten Persönlichkeiten, zum Beispiel des Rindermarkts in Fraunhoferstraße, der Kapuzinergasse in Schmidlgasse, der Salzgasse in Flurlgasse, und mit der Anbringung von Gedenktafeln an deren Geburtshäusern. In der zweiten Jahrhunderthälfte sammelten die Bürger für die beiden am Ein- bzw. Ausgang des Stadtplatzes platzierten »großen« Krieger-Denkmäler, das Germania-Denkmal für die im Deutsch-Französischen Krieg Gefallenen und das Bürgerdenkmal zur Erinnerung an den *Heldenmuth* der Straubinger im Österreichischen Erbfolgekrieg. Nach der Jahrhundertwende ehrte man wieder zwei Geistesgrößen mit Denkmälern: 1905 den deutschen Dichter Friedrich Schiller und 1910 den Straubinger Sohn Joseph von Fraunhofer.

»Historisierend« gestaltete auch so mancher wohlhabende Bürger seine Hausfassade, in den Formen der Neorenaissance und des Neoklassizismus, nur wenige wagten den Jugendstil. Die neue Wohlhabenheit der nach wie vor fast ausschließlich katholischen Bürgerschaft – von den 22.021 am 1. Dezember 1910 in Straubing lebenden Personen waren 21.146 katholisch, 702 protestantisch und 141 israelitisch – wurde aber gebündelt sichtbar in ihrer Stadtpfarrkirche St. Jakob. Man ließ sie um die Jahrhundertwende nicht nur grundlegend renovieren, sondern stiftete eine Vielzahl neuer Fenster. So signalisieren vielleicht gerade die Leuchtkraft und Buntheit der gründerzeitlichen Glasmalereien in St. Jakob am besten den Triumph Straubings, sich von einer entmündigten, wirtschaftlich geschwächten, politisch bedeutungslosen, geistlich entleerten Stadt wieder zu einem selbstbewussten und blühenden Ort entwickelt zu haben.

Stadt auf der Suche: Straubing im 20. Jahrhundert

Nach den enormen wirtschaftlichen, städtebaulichen, gesellschaftlichen Impulsen, die die Stadt vor dem Ersten Weltkrieg erfahren hat, tritt Stagnation ein. Straubing leidet nicht nur unter den politischen und wirtschaftlichen »Zeitläuften«, sondern man ist auch unsicher, wohin es gehen soll: Bleibt Straubing eine Markt- und Verwaltungsstadt, ausgerichtet auf die umgebende Landwirtschaft? Liegt die Zukunft in der Industrie? Nach 1945 bringen Heimatvertriebene neue Ideen und Wirtschaftszweige. Zögerlich orientiert man sich zu einem vielseitig offenen Wirtschaftsstandort um. Zunehmend präsentiert sich Straubing nicht nur als Einkaufs-, Handels- und Dienstleistungszentrum und als Schulstadt für den ostbayerischen Raum. Man setzt nun insbesondere mit der Ausweisung des Industriegebietes Straubing-Sand auch auf ein Straubing als attraktiven, national und international interessanten Wirtschaftsstandort, belebt durch die Öffnung der Grenzen nach Osten. Die Enttäuschung, keine Fachhochschule erhalten zu haben, mündet in stete Forderungen nach einer wissenschaftlichen Einrichtung – mit Erfolg gekrönt im Jahr 2000, als das Kompetenzzentrum für Nachwachsende Rohstoffe eingeweiht wird und sich der Weg zum Alleinstellungsmerkmal »Stadt bzw. Region der Nachwachsenden Rohstoffe« eröffnet.

Eines der herausragenden Ereignisse des 20. Jahrhunderts ist 1968 die 750-Jahrfeier der Stadtgründung. Der bekannte Historiker Karl Bosl hält im frisch sanierten Rathaussaal eine viel zitierte Festrede über Straubing, diese Stadt, geprägt von Bauernschaft und Bürgertum, von Fürst, Adel, Kirche und Klöster gleichermaßen, wo *das bayerische Herz … am reinsten* schlage. Bosls Wunsch ist, dieses Straubing möge *gerade in unserer Zeit des gesellschaftlichen und kulturellen Umbruchs und Übergangs ein uraltes, bewahrtes Erbe lebendig und kraftvoll in eine völlig gewandelte Zukunft* einbringen. Wieder ist dieser Wandel am Rathaus selbst spürbar; in seiner historischen Gestalt äußerlich unverändert, gelegentlich »kosmetisch« behandelt, wird es innen stetig den Bedürfnissen einer modernen Verwaltung angepasst. Entsprechend der zunehmenden Einwohnerzahl und des größer werdenden Stadtgebiets, das sich durch die bayerische Gemeindereform des Jahres 1972 verdreifachte, dehnt sich das Rathaus in Nachbargebäude aus. Und es »verweiblicht«: Gab es Anfang des 20. Jahrhunderts bis auf die Putzfrau keine weiblichen Beschäftigten in der Stadtverwaltung, so sind hundert Jahre später 60 Prozent der Mitarbeiter Frauen. In der Politik sind die Frauen zwar noch in der Minderheit, aber immerhin ziehen 1919 die ersten zwei Stadträtinnen in das Rathaus ein, wird 1996 zum ersten Mal eine Frau Bürgermeisterin.

Im Ersten Weltkrieg und in der Weimarer Republik

Krieg und Revolution

Während des Ersten Weltkrieges litt die Straubinger Bevölkerung zunehmend unter den Kriegsfolgen: Die Lebensmittel und Brennstoffe wurden knapp, die Preise stiegen, die Todesanzeigen für die *auf dem Feld der Ehre gefallenen Jünglinge* häuften sich, die anfängliche patriotische Kriegsbegeisterung erlahmte zusehends. Der Unmut der Straubinger über Krieg und König stieg so an, dass der Magistrat im Sommer 1918 sogar eine Einladung an König Ludwig III. zur bereits fertig vorbereiteten 700-Jahr-Feier der Stadt Straubing zurückziehen musste. Die Stimmung der kriegsmüden Bevölkerung war unter anderem aus einem Gespräch von etwa 25 Frauen während einer Zugfahrt von Straubing nach Geiselhöring ersichtlich geworden, das ein Mitreisender an die Behörden weitergemeldet hatte: *Jetzt kommt der König zu uns – den braucha ma a no – der soll mit seinen Trudeln daheim bleibn – Unser Bürgermeister, der Depp is extra nach München g'fahrn und hat'n eig'ladn – schreins immer von den Schulden – de Dekration wird wieder a Geld kosten – a Festfressen wollns a gebn – … – Der soll nur kema – mir habens scho ausgmacht – mit de fauln Kartoffeln wird er empfanga. De moana, wenns a Militär hinstelln, dös hilft eana was – die Soldaten helfa alle zu uns – dö ham von dem Schwindel – gnua!*

HINTERGRUND

DER »STRAUBINGER METZGERPUTSCH«

Die Revolution brachte zwar eine neue Staatsform, die Republik, aber der Hunger blieb, die Arbeitslosigkeit stieg. In Straubing blühten der Schleichhandel und das Schwarzschlachten, oft die einzige Möglichkeit, sich das Notdürftigste zum Leben zu besorgen. Als die bayerische Regierung versuchte, das Schwarzschlachten einzudämmen und zwei Straubinger Metzger verhaftete, kam es Anfang März 1920 auf dem Stadtplatz zur offenen Empörung der Straubinger Bürger, zum landesweit bekannten »Straubinger Metzgerputsch«. Er wurde von der Reichswehr blutig niedergeschlagen, zwei Menschen starben.

Der niederbayerische Regierungspräsident kommentierte, die Beteiligung der vielen, von Not geplagten Frauen ignorierend, den Aufruhr folgendermaßen: ... *in Straubing ist viel zu unsauberes Volk, die Schieber- und Schmußergesellschaft, die sich an diesem Platze zusammengetan hat, wird dort stets rohe Begleitmannschaft finden, die sie gegen die Ordnung aufhetzen kann, wenn sie sich wieder einmal in ihren Geschäften gestört fühlt.* Die satirische Zeitschrift »Simplicissimus« hingegen hob auf ihrer Titelseite vom 17. März 1920 die Ereignisse auf eine höhere politische Ebene, indem sie auf den Verlust der bayerischen Reservatrechte in der Weimarer Republik anspielte: *D'Post hamma hergeb'n, d'Eisenbahn hamma hergeb'n – aber unsere Schwarzschlachter gebn ma net her.*

So verwundert es fast nicht, dass das bisher so wittelsbachertreue Straubing zu den ersten bayerischen Städten gehörte, die sich der Revolution anschlossen. Bereits am 8. November 1918, einen Tag nach Ausrufung des bayerischen Freistaates in München, marschierte in Straubing der Revolutionszug unter dem Zeichen der roten Fahne. Am 9. November 1918 nachts 10 Uhr verkündete eine Proklamation der Bevölkerung Straubings: *Es lebe die Republik! Es lebe die Freiheit!* Unterzeichnet war der Aufruf von den drei neuen, für kurze Zeit die Geschicke der Stadt bestimmenden Gremien, dem Soldaten-, Bürger- und Arbeiterrat. Es war sicher auch der vernünftigen Art des Sozialdemokraten Eugen Zeller, eines der wichtigsten

Revolutionsführer, zu verdanken, dass der Übergang von der Monarchie zur Republik einigermaßen gemeistert wurde. Trotzdem konnte bei den ersten demokratischen Kommunalwahlen am 15. Juni 1919 die konservative Bayerische Volkspartei (BVP), Nachfolgerin des Zentrums, die meisten Sitze (15) erringen, während die Mehrheitssozialdemokratie (MSPD) nur sechs und die radikalere Unabhängige Sozialdemokratie (USPD) zwei der 30 Mandate erhielt.

Missliche Wirtschaftslage und Wohnungsnot

Trotz der schlechten wirtschaftlichen Lage, die sich auch in einer rapide steigenden Inflation ausdrückte und den Stadtrat sogar zu einer eigenen Geldproduktion veranlasste – das Straubinger Notgeld gehört zu den schönsten Bayerns –, nahmen die Stadtväter 1921 die Reform der Wasserversorgung in Angriff. Ein Großbrand in der Ziegelei Mayr hatte erschreckend offenbart, dass die bisherige Ausstattung desolat und unzureichend war. 1922 ging der 65 Meter hohe Wasserturm in der Krankenhausgasse in Betrieb. Inzwischen läuft die Wasserbevorratung über ein 1986 errichtetes Werk an der Äußeren Passauer Straße, der mächtige Wasserturm sorgt aber weiterhin als sichtbares und stolzes Zeichen Straubinger »Wassergeschichte« für den Druckausgleich der Leitungen. Während des Ersten Weltkrieges waren auch die Kosten für den vor allem aus Kohle produzierten Strom rasant angestiegen. Der Stadtrat gründete daher im Juli 1923 weitsichtig die »Kraftwerk am Höllenstein Aktiengesellschaft Straubing«. Am schwarzen Regen entstand ein Wasserkraftwerk, das seitdem Straubing mit günstigem und umweltfreundlichem Strom versorgt und heute noch je nach Witterung sechs bis acht Prozent des Straubinger Energiebedarfs deckt.

Die Wohnungsnot nach dem Ersten Weltkrieg versuchten gemeinnützige Baugenossenschaften zu beheben. In Straubing legte die katholische Baugenossenschaft »Arbeiterwohl« unter Führung des Priesters Josef Pongratz mit ihren Wohnbauten für Arbeiter und Beamte den Grundstein für ein neues Stadtviertel: Straubing-Süd. Hatte ein Straubinger Kaufmann noch 1930 *die wirtschaftlichen Verhältnisse* empfunden *als die einer äußerst*

Straubinger Notgeld mit Abbildung des Bruder Straubinger, 1921.

regen, gesunden, stetig aufwärtsstrebenden Mittelstadt, so ließ die Weltwirtschaftskrise die Arbeitslosenzahlen rasch steigen; die Stadtkasse leerte sich. 1931 waren bereits zehn Prozent der 24.000 Einwohner auf die städtische Fürsorge angewiesen. Entsprechend der teilweise chaotischen politischen und wirtschaftlichen Zustände radikalisierte sich auch in Straubing die Bevölkerung, insbesondere junge Leute und Angehörige des Mittelstandes setzten ihre Hoffnungen in die kommunistische oder in die nationalsozialistische Bewegung. Bei den Reichstagswahlen Ende Juli 1932 erreichte die KPD in Straubing 17,2 Prozent (auf Reichsebene 14,3 Prozent), die NSDAP 23,5 Prozent (37,3) – beide Parteien hatten damit die Sozialdemokratie, die 15,3 Prozent (21,6) erhielt, überholt. Die meisten Stimmen fielen aber mit 38,2 Prozent nach wie vor auf die katholisch-konservative Bayerische Volkspartei (Zentrumspartei 15,7). Zur misslichen Wirtschaftslage kam 1932 noch der Verlust einer überregional bedeutsamen Institution hinzu: Im Zuge einer neuen Gerichtsorganisation wurde das Straubinger Landgericht mit dem Schwurgericht aufgelöst, Straubing verblieb nur das Amtsgericht.

In nationalsozialistischer Zeit

Machtergreifung in Straubing

Am 30. Januar 1933 ernannte der greise Reichspräsident Paul von Hindenburg Adolf Hitler zum Reichskanzler. Dieser hatte damit auf legalem Weg sein Ziel, die Regierungsmacht, erreicht. Die von ihm geforderte Neuwahl des Reichstages am 5. März erbrachte für die NSDAP auf Reichsebene 43,9 Prozent; zusammen mit der Deutschnationalen Volkspartei verfügte sie über die absolute Mehrheit im Reichstag. In Straubing schaffte es die NSDAP zum ersten Mal mit 34 Prozent der Stimmen die bisher stärkste Partei, die Bayerische Volkspartei, knapp zu überrunden, blieb aber immer noch erheblich unter dem Reichs- und Landesdurchschnitt. Hitler konnte nun seine Machtposition stetig ausbauen und beginnen, die nationalsozialistische Diktatur auf allen politischen Ebenen durchzusetzen. Hierzu war die Gleichschaltung der Länder und in deren Gefolge die Machtübernahme in den Kommunen eine der ersten Maßnahmen. Am 9. März wurde General Ritter Franz von Epp mit der vollziehenden Gewalt in Bayern betraut. *Plötzlich in der Nacht gegen 3/4 11 Uhr weckte Trommelwirbel und hallender Marschtritt die Schläfer aus ihrer Ruhe. Ein Fackelzug der SA, SS und des Stahlhelm und der Parteigenossen marschierte mit wehenden Fahnen durch die Stadt. Um 12 Uhr wurde dann im Einvernehmen mit dem Oberbürgermeister die Hakenkreuzfahne, die weiß-blaue bayerische Fahne und die Reichsfahne Schwarz-weiß-rot auf dem Rathaus aufgezogen.* So schilderte das nationalsozialistische Blatt »Straubinger Beobachter« in seiner Ausgabe vom 10. März die Machtergreifung im Straubinger Rathaus.

Die Schreckensherrschaft der Nationalsozialisten nahm auch in Straubing unverzüglich ihren Lauf: Mitglieder der KPD und der SPD, unter ihnen der Landtagsabgeordnete Josef Laumer, wurden verhaftet, der jüdische Viehhändler Otto Selz ermordet, das »Straubinger Tagblatt«, das die nationalsozialistischen Ideen und Hitler, den *hergelaufenen Braunauer*, stets angeprangert hatte, zeitweise verboten. Mitte des Jahres 1933 waren die Parteien ausgeschaltet, die Stadtratssitze und der Posten des Oberbürgermeisters mit Nationalsozialisten besetzt; die

Transparente mit NS-Parolen wie hier am Eingangsportal zum Stadtplatz, am Unteren Tor, um 1935, gehörten zum Alltag im Dritten Reich.

Kreisleitung der NSDAP gab nun der Stadtregierung die Richtlinien vor.

Propaganda und Terror

In Straubing hatte man jetzt mit »Heil Hitler« zu grüßen, und wer es nicht tat, wie der Verleger Dr. Georg Huber, wurde denunziert. Wichtige Straßen benannte man nach Nationalsozialisten: Der Stadtgraben wurde zum Adolf-Hitler-Ring, die Steinergasse zur Eppgasse. Am »Großdeutschlandplatz«, dem früheren Ludwigsplatz, inszenierten die Nationalsozialisten ihre typischen Aufmärsche und Feierlichkeiten, zum Beispiel zum 1. Mai. Auch die ersten Agnes-Bernauer-Festspiele im Sommer 1935 wurden instrumentalisiert als »völkisches Theater« »mit Anziehungskraft auf die Massen und erzieherischer, sprich propagandistischer Wirkung« (Werner Schäfer). So sollten die Zuschauer nach dem Wunsch des Stückeschreibers und NS-Kulturwarts Eugen Hubrich erkennen, *daß Agnes ein Volksopfer war, das vom grausamen Mittelalter verschlungen wurde, das aber in Reinheit auferstehen kann in der glücklichen Zeit,*

»MORDSACHE SELZ«

Das erste Opfer des nationalsozialistischen Rassenwahns in Straubing und vielleicht in ganz Bayern war Otto Selz. *Am Mittwoch, den 15. März 1933 kurz nach 6 Uhr früh hat die hier obere Bachstraße No. 11 wohnhafte Rebekka Selz fernmündlich mitgeteilt, dass soeben von 5–6 Männern, die mit Gewehren bewaffnet und schwarzen Mänteln bekleidet waren, ihr Schwager Otto Selz mit Gewalt und nur mit dem Schlafanzug bekleidet aus dem Hause geschleppt, in das vor dem Hause bereitstehende Auto gebracht und in Richtung zum Bahnhof fortgefahren wurde.* So beginnt der Bericht, den die Straubinger Polizei einen Tag später über die Entführung des jüdischen Vieh- und Güterhändlers Otto Selz erstellte. Selz wurde noch am gleichen Tag in einem Waldstück am Dreifaltigkeitsberg bei Weng misshandelt und erschossen aufgefunden.

Die Suche nach den Tätern wurde rasch eingestellt. Ermittlungen in der „Mordsache Selz", so der Aktentitel, nach 1945 bestätigten, was Verwandte und Freunde von Selz bereits vermutet hatten: Drahtzieher der Ermordung war offenbar Julius Streicher, NSDAP-Gauleiter von Franken und Herausgeber der nationalsozialistischen Propagandazeitung »Der Stürmer«. Hier waren im Oktober und November 1932 zwei Artikel erschienen, in denen Selz als Betrüger und Wucherer angegriffen wurde mit dem Tenor: *In einem Hitlerdeutschland hätte ihn schon längst sein Schicksal ereilt.* Selz stellte erfolgreich Strafanzeige gegen das antisemitische Hetzblatt, das Anfang Februar 1933 den Schuldspruch des Landgerichts Regensburg wegen Diffamierung auf seiner Titelseite veröffentlichen musste. Am Mord beteiligte Personen, vermutlich Angehörige von SA, SS oder der Gestapo, konnten nach Kriegsende nicht mehr aufgespürt werden.

Im August 2008 verlegte der Kölner Künstler Gunther Demnig vor dem Wohnhaus von Otto Selz in der Oberen Bachstraße 14 für ihn, seine Frau Sophie, seine Schwägerin Recha und seinen Schwager Heinrich Springer, die deportiert und ermordet worden waren, Gedenksteine, die so genannten »Stolpersteine«.

die die Erneuerung des Blutes und der Sitte vom Volk her aus dem Urborn des Lebens verwirklicht.

Neu waren auch die gigantischen Faschingszüge, die man ebenfalls nicht nur zu Unterhaltungszwecken organisierte: *Echte Volksgemeinschaft, die alle Standesunterschiede überbrückt, das muss der mächtige Zauber sein, den der Straubinger Faschingszug bringt.* So mancher Faschingswagen verhöhnte die *Hebräer* – nur ein Beispiel für die vielfältigen Schikanen, denen die jüdischen Mitbürger seit 1933 auch in Straubing ausgesetzt waren. Letztlich kamen von 110 Juden, die 1933 in Straubing lebten, fast 50 im Holocaust ums Leben, die anderen waren geflüchtet und emigriert. Die Synagoge wurde in der Reichspogromnacht geplündert und verwüstet, sie überstand aber als eine der wenigen jüdischen Kultbauten in Bayern das Dritte Reich und ist heute das geistliche Zentrum der Juden Niederbayerns. Auch behinderte und psychisch kranke Menschen störten als »minderwertige Elemente« im rassistischen Weltbild der Nationalsozialisten. Den Euthanasieaktionen fielen von den knapp 700 Jungen und Männern, die in der Pflegeanstalt der Barmherzigen Brüder betreut wurden, etwa 360 zum Opfer, davon wurden 130 in der Tötungsanstalt Hartheim bei Linz vergast.

NS-Bauten

Baulich zeugen von der NS-Zeit vor allem die 1934/1935 errichtete »Artillerie-Kaserne« an der Wittelsbacher Höhe und der 1938 gegründete Fliegerhorst Mitterharthausen, wo übrigens der bekannte Schauspieler Heinz Rühmann für den UFA-Film »Quax, der Bruchpilot« übte. Ein großes Projekt war der Hochwasserschutz für Straubing und den Gäuboden. Angehörige des Reichsarbeitsdienstes, Kriegsgefangene und Fremdarbeiter erstellten die Deich- und Dammanlagen entlang des Moosmühlbaches und der Donau. Die steinerne Bastion am Herzogsschloss kündet davon – mit einer Kuriosität: Der imposante Hoheitsadler, den der Münchner Bildhauer Fritz Schmoll gen. Eisenwerth damals für dieses Rondell schuf, wurde in Kriegszeiten eingelagert und kam erst nach Kriegsende und zwar unter Mithilfe der amerikanischen Besatzungsmacht

Die Friedhofskirche St. Michael wurde am 18. April 1945 zerstört.

auf seinen Platz. Bereits in den Namen »Aufbaustraße« und »Neubaustraße«, heute Dr.-Rohrmayr- und Dr.-Heiss-Straße, wird programmatisch die Wohnbautätigkeit der Nationalsozialisten, bevorzugt für kinderreiche Familien und Veteranen des Ersten Weltkriegs, erkennbar.

US-Luftangriffe und Kriegsende

Den ersten Fliegeralarm hörten die Straubinger in den Oktobernächten des Jahres 1941, der erste Luftangriff erfolgte am 4. November 1944. 42 Menschen starben beim schweren Bombardement am 5. Februar 1945, unter anderem wurden die Pflegeanstalt, damals als Lazarett genutzt, und die Kaserne getroffen. Den wohl »schwärzesten Tag« in ihrer Geschichte erlebte die Stadt dann am 18. April 1945. Über 500 Tonnen Sprengstoff stürzten auf die Stadt nieder. Die Polizeibeobachter, die auf dem Stadtturm Dienst hatten, meldeten: *Wir sehen nichts mehr, nur noch Rauch und Trümmer.* Etwa 300 Menschen kamen durch diesen Luftangriff amerikanischer Bomber ums Leben; über 600 Gebäude, vor allem in der Altstadt um St. Peter und entlang der Bahnlinien, wurden getroffen. Mehr als ein

Viertel der Stadt lag in Trümmern; fast unversehrt blieb das historische Zentrum.

Am 28. April 1945 gegen Mittag nahmen amerikanische Panzer von Westen her die Stadt kampflos ein. Der Krieg und vor allem die nationalsozialistische Gewaltherrschaft waren zu Ende – fanatische NS-Offiziere hatten zwei Tage vorher noch die beiden Donaubrücken zerstört und in Ittling zwei Männer, Friedl Beutlhauser und Alois Huber, die eine weiße Fahne vom Kirchturm hissen wollten, hingerichtet. Die Oberin des Marienheimes, Sr. Genesia Sandmaier, die die letzten Kriegsmonate Tagebuch geführt hatte, traf die Stimmung der Bevölkerung: *Die Amerikaner gaben in der Stadt bekannt, sie kamen nicht als Unterdrücker, sondern als Sieger. Wir aber sagen frohen Herzens: Sie kamen als unsere Befreier und Retter!*

In der Bundesrepublik Deutschland

Nachkriegs- und Besatzungszeit

Wir wollen uns in dieser schweren Stunde die Hände reichen und uns gegenseitig versichern, unsere letzte und beste Kraft einzusetzen, um alle Not der kommenden Zeit zu meistern. So beschwor Andreas Tremmel, der von der Alliierten Militärregierung eingesetzte Oberbürgermeister, Anfang Mai 1945 die Einwohner Straubings. Der Mangel an Lebensmitteln, an Heizmaterial, an Kleidung, an Wohnraum setzte sich nach Kriegsende fort, ja steigerte sich und prägte den Alltag. Auf politischer Ebene waren Entmilitarisierung, Entnazifizierung, Demokratisierung und Wiederaufbau die Schlagworte der Nachkriegszeit. Schon im Mai 1946 konnten die Straubinger wieder ihren Stadtrat wählen: Die Christlich-Soziale Union (CSU) gewann 14 Sitze, die SPD acht, die KPD und die Wirtschaftliche Aufbau-Vereinigung je einen.

Als erfreuliches Zeichen des Demokratisierungsprozesses wertete das »Straubinger Tagblatt« die heftigen Diskussionen um die Gestaltung des Pulverturms – in überregionalen Zeitungen wurde sogar *Krieg um ein Kriegerdenkmal* getitelt: *Trotz der Kälte haben sich die Gemüter in Straubing … erhitzt … Zur Debatte steht die Gestaltung des Ehrenmals für die Gefallenen … Die Reaktion ist hocherfreulich.*

Denn das ist gut für das Funktionieren der demokratischen Maschine. Umstritten war die moderne Bronzeplastik »Opfer und Leidtragende« des Künstlers Karl Reidel, die zeitlos gültig Schmerz und Trauer ausdrückt und an 440 gefallene Soldaten des Ersten Weltkrieges, 1300 Gefallene und Vermisste des Zweiten Weltkrieges und an 450 Opfer der Luftangriffe erinnert.

Die Bewältigung der nationalsozialistischen Vergangenheit war und ist auch in Straubing ein lang andauernder Prozess. So erhielt das 1963 eingeweihte Ehrenmal im Pulverturm erst 1989 eine Gedenktafel mit den Namen der ermordeten Mitglieder der Jüdischen Gemeinde. Seit 1995 ruft ein Brunnen in der Anlage am Moosmühlbach das Leid der Häftlinge aus dem Konzentrationslager Flossenbürg in Erinnerung, die auf ihrem Evakuierungsmarsch nach Dachau auf dem Hagen lagerten. Im Oktober 2009 wurde auf dem Gelände der Behinderteneinrichtung der Barmherzigen Brüder ein Mahnmal für die Euthanasieopfer errichtet. Im selben Monat riefen 1250 »Heil-Hitler-Gartenzwerge« des Künstlers Ottmar Hörl, herbeigeholt von der Straubinger SPD und in Reih und Glied aufgestellt auf dem Stadtplatz unter dem Motto »Poisoned – Dance with the devil«, eine erregte Debatte über Sinn und Unsinn derartiger Kunstaktionen hervor.

Amerikanische Soldaten, selbst die anfangs noch viel bestaunten »schwarzen« Gesichter, gehörten ab Ende April 1945 – so wie die Kriegsversehrten mit ihren Krücken, Blindenbinden oder Rollwägen – zum selbstverständlichen Anblick in der Stadt. *Der Frieden schmeckt nach Pfefferminz,* verkündete die Bildhauerin und Regisseurin Marianne Rosenbaum: In ihrem preisgekrönten Film »Peppermint Frieden« mit dem amerikanischen Schauspielstar Peter Fonda als Hauptdarsteller schildert sie die Nachkriegs- und Besatzungszeit, die sie selbst als verängstigtes, aber zugleich lebenshungriges und neugieriges Flüchtlingskind in Straubing miterlebte. Die Besatzungszeit endete schließlich am 5. Mai 1955: Die Bundesrepublik Deutschland, deren Grundgesetz sechs Jahre vorher verkündet worden war, war nun souverän. Amerikanische Truppen waren in Straubing aber noch länger stationiert. Erst im Herbst 1967 verließen die letzten amerikanischen Soldaten, die zur Überwachung des tschechisch-bayerischen Grenzraums eingesetzt waren, den Fliegerhorst Mitterharthausen.

EIN KÜNFTIGER WELTSTAR IN STRAUBING: CURD JÜRGENS

Dem Hunger nach Kultur und Bildung in der Nachkriegszeit versuchten die Stadtväter unter anderem mit der Gründung einer Volkshochschule und mit der Wiedereröffnung des Theaters entgegenzukommen. Als Theaterdirektor verpflichteten sie den Schauspieler und späteren Weltstar Curd Jürgens. Diesen zog es wie andere bekannte Künstler in die Provinz, wo die Leute schon mal mit *Speckseiten, Landbrot und frischen Eiern* bezahlten. In seinen Memoiren schreibt Jürgens: *In Straubing ist das Theater gasbeheizt. Das bedeutet warme Garderoben. Ursula Herking kann endlich mit echtem Dekolleté auftreten, ohne die zwei Paar dicken wollenen Schlüpfer.* Dafür saß er auch selbst an der Kasse oder opferte die Luftschutzvorhänge seiner Münchner Wohnung für die Straubinger Bühne. Neben klassischen Theaterstücken wie »Iphigenie auf Tauris« von Johann Wolfgang von Goethe oder Friedrich Schillers »Kabale und Liebe«, die der Stadtrat ausdrücklich wünschte, kam auch die »leichte Muse« nicht zu kurz, so wurde das von Curd Jürgens selbst verfasste Stück »Geliebter Michael« aufgeführt.

Das Stadttheater war im Gebäude des Gewerbevereins, dem früheren »Emmeramer Kasten«, untergebracht; seit dessen Abriss Anfang der 1980er-Jahre dient die ehemalige Gewerbehalle am Hagen als Theater. Bespielt wird es vor allem vom Landestheater Niederbayern, das von den Städten Passau, Landshut und Straubing und vom Bezirk Niederbayern getragen wird.

Integration von Flüchtlingen und Vertriebenen

Über zwei Millionen Heimatvertriebene, Flüchtlinge und Evakuierte kamen als Folge des Zweiten Weltkrieges nach Bayern und stellten nun ein Viertel der Bevölkerung. In Straubing, das von etwa 29.000 Einwohnern im Jahr 1939 auf über 36.000 im Jahr 1949 angewachsen war, fanden etwa 8000 Menschen eine neue Heimat. 1968 stellte Stadtdirektor Dr. Albert Diller fest: *Es zeigte sich, daß die Vertriebenen, von der alteingesessenen Bevölkerung anfänglich als eine starke soziale Belastung empfunden, sich kraft der ihnen ei-*

Im Osten Straubings entstanden Wohnbauten für Heimatvertriebene, im Vordergrund des Bildes von 1957 sieht man noch die Flüchtlingsbaracken.

genen Aktivität in jeder Beziehung als äußerst wertvolles wirtschaftliches und nicht minder kulturell und soziologisch wichtiges Potential für die Stadt erwiesen haben. Eine besondere Integrationsarbeit leistete hierbei die evangelische Gemeinde Straubings, die nach Kriegsende auf über 5000 Mitglieder anstieg, etwa 3000 davon waren aus ihrer Heimat vertrieben. Ihr unermüdlicher Seelsorger Friedrich Rohn schaffte es mit dem Trost des Gotteswortes, dass aus Menschen verschiedenster Herkunft rasch eine Gemeinschaft wurde.

Nicht nur Flüchtlinge und Vertriebene, sondern auch Einheimische, deren Wohnungen zerbombt oder von den Amerikanern beschlagnahmt worden waren, benötigten nach dem Krieg ein Dach über dem Kopf. Kindergärten, Schulen, Seelsorgestätten fehlten. Das Stadtviertel Straubing-Süd dehnte sich vor allem durch den genossenschaftlichen Wohnungsbau aus. 1953 bis 1955 wurden die Volksschule St. Josef und die neue katholische Kirche St. Josef erbaut. Die rasche Ausbreitung dieses Stadtteils führte 1968 zur Errichtung der Pfarrei Christkönig. Im Osten der Stadt entstand zwischen Ittlinger Straße und Schanzlweg ein neues Wohngebiet. Mit der Benennung von Straßen nach ehemals deutschen Städten und Regionen – Baltische, Ostpreußische, Pommersche, Schlesische, Sudetendeutsche, Aussiger, Brieger, Danziger, Egerer, Gleiwitzer, Kattowitzer, Königsberger, Krummauer Straße usw. – wollte man den Vertriebenen »ein Stück Heimat geben und ein Zeichen des Mitgefühls setzen« (Theodor Seethaler). 1963 wurde hier die evangelische Versöhnungskirche eingeweiht, ein Jahr später folgten die katholische Pfarrkirche St. Elisabeth und die Ulrich-Schmidl-Volksschule.

Hier im Osten schuf die Stadt 1966/1967 für Senioren auch die Heimanlage St. Nikola mit einem der ersten »Hochhäuser« Straubings. Stolz kommentierte Bürgermeister Helmut Oestreicher diesen Wandel im Stadtbild – und dokumentierte damit zugleich das damalige Selbstbild der Stadt: *Heute beherrschen parkende und Parkraum suchende Autos, hastende Käufer den weiten Raum, und in modern gestalteten Passagen, trefflich dekorierten Schaufenstern lockt preiswertes Angebot. Zwischen den prunkvollen Stukkaturen eines Matthias Obermayr flammt Neonreklame auf, sich mischend zu einem faszinierenden Bild. Und sie passen zusammen, lassen sich schwerlich trennen. Die Mahnung ›Vom Alten sollst du behalten, was gut ist und schön‹ wird liebevoll beherzigt, denn moderner Zeitgeist nimmt auch Rücksicht. Kein Wunder darum, daß in die altvertraute Silhouette der Gäubodenmetropole sich neue, unumgänglich notwendige Elemente sinnvoll einfügen. Die Hochhäuser des östlichen und südlichen Stadtrandes ziehen den Blick auf sich, ein 14-stöckiges Altenwohnheim dokumentiert zeitgemäße Sozialfürsorge.*

Betriebs- und Industrieansiedlungen

Die wirtschaftliche Lage hatte sich mit der Währungsreform im Juni 1948 entspannt, auch in Straubing gab es wieder gefüllte Schaufenster und Marktstände. Das Wirtschaftsleben erhielt neue Impulse. Einheimische Firmen setzten ihre Produktion fort wie die Ziegeleien Jungmeier, Dendl, Mayr und Ergoldsbach AG, die Brauereien Dietl, Karmeliten/Sturm, Redlbacher, Röhrl, Moos, die eisenverarbeitenden Betriebe Sinz & Hagenauer, Kammermeier, Bayernwerkzeug, die Bekleidungsfabriken Jahn, Schlientz, Dietzel, der Essighersteller Poiger, die Likörfabriken Hochgraßl und Fischer oder die heute weltbekannte Skifabrik Völkl. Heimatvertriebene gründeten neue Unternehmen, vor allem im Bereich des Maschinen- und Fahrzeugbaus, der Elektrotechnik sowie der Textil- und Kunststoffindustrie. Beispiele sind die Werkzeugfabrik Gluth, das Schleif- und Bohrwerk Michaelis, die Bekleidungsfabrik Hermann & Co (später Walker) und die Kammgarnspinnerei Richter. Der aus Krumau stammende Ingenieur Erwin Hempel reparierte zunächst Radios, baute Hörgeräte und stieg dann auf Textilverarbeitungsmaschinen um, setzte sich mit den in Mode kommenden Kunstfasern Perlon, Nylon, Trevira und Diolen auseinander und erfand schließlich *dampfbeschickte Formgeber für Damenstrümpfe*, mit denen er den Grundstein für den Erfolg seiner Firma Novakust legte. Das deutsche »Wirtschaftswunder« erfasste auch Straubing – obwohl eines der Symbole dieser Zeit ab 1953 nicht mehr in Straubing produziert wurde: Die Eierlikörfirma Verpoorten, die sich 1936 in Straubing niedergelassen hatte, zog 1953 in die junge Bundeshauptstadt Bonn.

Die Stadt öffnete sich der »Industrialisierung«, wenn auch die Stadtspitze unter Oberbürgermeister Dr. Otto Höchtl eher zurückhaltend agierte und *eine nicht überstürzte Ansiedlung sorgfältig ausgewählter Betriebe* propagierte – der Firma Verpoorten hatte man daher eine Absage erteilt, als sie ein geeignetes Grundstück für einen Neubau suchte. Im offiziellen »Führer durch die Stadt Straubing« vom Jahr 1959 stellt der damalige Stadtschulrat und Heimatschriftsteller Marzell Oberneder dementsprechend fest: *Noch heute spielt im weitverzweigten Wirtschaftsleben der Stadt, in ihrem gesamten kommunalen Denken, der Pflug die entscheidende Rolle, immer noch klingt das Bauernjahr wie ein Orgelpunkt durch ihren Alltag, immer noch ist es das Kraftbewußtsein der reichen Höfe, das auch dem Bürger eine überraschende Selbstsicherheit verleiht.* Die ländliche Prägung Straubings bezeugen auch die 100 landwirtschaftlichen Betriebe und 84 Gemüsegärtnereien, die im selben Jahr in Straubing gezählt wurden.

Unter Oberbürgermeister Hermann Stiefvater, der von 1960 bis 1972 amtierte, setzte eine stärkere Förderung von Betriebs- und Industrieansiedlungen ein, wurde Bauland ausgewiesen und sogar überregional für eine Niederlassung in Straubing geworben. So errichteten beispielsweise die Firma Standard Elektro Lorenz (SEL) und die Miederfabrik Triumph in Straubing Zweigwerke, siedelte der Baggerhersteller Sennebogen, heute eine weltweit agierende Firma, vom Landkreis in die Stadt über. Ergebnis des wirtschaftlichen Aufschwunges war eine vielfältige Palette gewerblicher Unternehmen in Straubing, die eine Vielzahl von Arbeitsplätzen zur Verfügung stellten.

Straubing als Einkaufs- und Freizeitstadt

Unumstritten war Straubings Bedeutung als Einkaufsstadt. Aus dem Gäuboden, aus dem Bayerischen Wald, aus Deggendorf, Dingolfing und sogar Regensburg kamen die Leute nach Straubing, *»in die Stadt«*, um hier in den Geschäften am und um den Stadtplatz ihre Einkäufe zu erledigen: Kleidung in den Modehäusern Feser, Hafner, Jochem, Sallinger, Sauter, Späth oder Zeilmann, einen handgemachten Schirm beim Trabert, einen passenden Hut bei Reiß, Toilettenartikel beim Seifen Zech, ein Päckchen Kaffee von Kaiser's Kaffeegeschäft, Lebensmittel in der »Markthalle«. Auch Nägel, Blumensamen, Farbtöpfe, Tapeten und sogar handgemachte Seile konnte man im Stadtzentrum kaufen, beim Primbs, Stufler, Haubensak, Hornauer und Regensburger. Alles, was sonst noch benötigt wurde, bot das Kaufhaus Paul – oder die Dulten und Märkte, auf denen auch die »Bayerwaldler« ihre Waren feilhielten. Jahrhundertelang hatten gerade die Märkte das Stadtbild mitgeprägt, einige der wichtigsten aber verschwanden nun: Der Viehverkauf verlagerte sich in den Städtischen Schlachthof und in die neue Viehversteigerungshalle; der Gesindemarkt und der berühmte Pferdemarkt hingegen waren völlig überflüssig geworden.

Der wirtschaftliche Aufschwung ermöglichte der Stadt die Verbesserung der Infrastruktur und der Freizeitangebote. Neue Straßen entstanden, die vorhandenen wurden ausgebaut und befestigt. 1968 übernahm die neue Südumgehung die Funktion der Bundesstraße 8, die bisher mitten durch die Stadt geführt hatte. Der im gleichen Jahr vom Stadtrat auf den Weg gebrachte »Generalverkehrsplan« leitete unter anderem den Bau der Westtangente ein, die in den nächsten beiden Jahrzehnten realisiert wurde. Sie führte schließlich von der Staustufe des Rhein-Main-Donau-Kanals über den Kinseherberg und den Stadtgraben in den Stadtsüden, brachte zudem bei Kirchroth die Anbindung an die Autobahn A 3.

Stand mit Nylonstrümpfen auf der Petersdult, 1953.

Das Freibad im Westen Straubings ersetzte 1957 die städtische Badeanstalt an der Donau, 1971 öffnete das Hallenbad. Der bereits vor dem Ersten Weltkrieg einmal thematisierte Traum eines »Bad Straubing« wurde zwar nicht Realität, aber das unter Straubing liegende Thermal- und Mineralwasser speist seit 1993 die Badeanlage, nun »AQUAtherm« genannt. Den »Eisweiher« als Tummelplatz für Schlittschuhläufer, Eisstockschützen und Eishockeyspieler löste 1967 das Eisstadion ab. Ebenfalls in den 1960er-Jahren entstand an der westlichen Stadtgrenze der Flugplatz Wallmühle, der sich von der Graspiste für Sportflieger zum *am besten ausgebauten Luftverkehrslandeplatz Ostbayerns* entfaltete. Anziehungspunkt für Einheimische und Auswärtige war die Trabrennbahn. *Ejadon … ein Pferd mit ungewöhnlichen Fähigkeiten* und *Simmerl – Deutschlands gewinnreichster und schnellster Traber aller Zeiten* schrieben Sportgeschichte und stehen für die auch wirtschaftlich große Zeit des Trabrennsports in Straubing. Ebenfalls »legendär« war das Straubinger Nachtleben, *das erste, beste und bunteste nach München und Rio*, das von weit her die Leute anlockte.

STRAUBING, DIE SCHULSTADT

Ihrem Ruf als »Schulstadt« wurde Straubing auch in der zweiten Hälfte des 20. Jahrhunderts gerecht, obwohl eine ihrer herausragenden Institutionen, das Institut für Lehrerbildung, 1957 nach 133 Jahren Dienst seine Pforten schließen musste. Neben den Neubauten der Volksschulen St. Josef und Ulrich Schmidl unterstützte man 1957 die Eröffnung einer Knaben-Realschule und gründete 1970 eine Fachoberschule, die inzwischen unter anderem durch ihren Fachbereich Gestaltung Schülerinnen und Schüler aus ganz Niederbayern anzieht. Die Stadt sanierte die alten Schulgebäude und erbaute von 1959 bis 1981 neue Schulhäuser für Sonderschulen, Berufsschulen und Gymnasien. Neben dem ältesten, der humanistischen Bildung verpflichteten Johannes-Turmair-Gymnasium, dem Mädchengymnasium der Ursulinen-Schulstiftung und dem naturwissenschaftlich orientierten Ludwigsgymnasium bereichert seit 1954 das Deutsche bzw. Anton-Bruckner-Gymnasium mit seiner musischen Ausrichtung die Straubinger Gymnasiallandschaft. Der Orden der Ursulinen richtete noch eine Realschule für Mädchen und eine Fachakademie für Sozialpädagogik ein, die Barmherzigen Brüder riefen eine Schule für Heilerziehungspflege ins Leben, das Bayerische Justizministerium eröffnete eine Justizvollzugsschule, die Katholische Jugendfürsorge unterhält Zentren zur Förderung von Kindern mit geistigem und körperlichem Handicap – die Schule für Körperbehinderte erhielt übrigens als erste Einrichtung in Bayern 2007 den Namen »Papst-Benedikt-Schule«.

Im Schuljahr 2017/18 bestand die vielfältige Straubinger Schullandschaft aus vier Gymnasien, zwei Realschulen, zwei Wirtschaftsschulen, einer Fachoberschule, einer Berufsoberschule, sechs Grundschulen, vier Mittelschulen, drei sonderpädagogischen Förderzentren, einem Institut für Hören und Sprache, einer Musikschule, drei Berufsschulen, elf Berufsfachschulen, unter anderem für Elektrotechnik, Floristik und Heilerziehungspflege, und einer Fachakademie für Sozialpädagogik, die von über 13.000 Mädchen und Jungen aus der nahen und ferneren Umgebung besucht wurden.

Verlorene Denkmäler

Waren im Zuge der wirtschaftlichen Blüte zu Beginn des 20. Jahrhunderts bereits einige mittelalterliche Baudenkmäler verschwunden, zum Beispiel die Stadtwaage in der Rosengasse, so ging auch in der zweiten Jahrhunderthälfte historische Substanz verloren. So wurden der Windberger Kasten am Theresienplatz, das Hotel Röhrl gegenüber der Veitskirche, das Stadttheater an der Jakobsgasse abgebrochen. Etliche der Kaufmanns- und Bürgerhäuser am Stadtplatz büßten durch den Umbau zu modernen Geschäfts- und Bürokomplexen ihr »Innenleben« ein, insbesondere die für Straubing typischen Innenhöfe und Lauben. Die von den Geschäftsleuten geforderten, soweit wie möglich offenen, gläsernen Eingangs- und Präsentationsmöglichkeiten lassen *die Historie frei über dem Erdgeschoss schweben*, wie es der Denkmalpfleger Dr. Mathias Ueblacker einmal formulierte. Zudem breitet sich, geschuldet der »corporate identity« international verbreiteter Unternehmen, in Erscheinungsbild und Ausstattung der Geschäfte Einförmigkeit aus. Als denkmalpflegerischer Fehler erkannt ist inzwischen die Sanierung der Basilika St. Peter, bei der in den 1970er-Jahren die Innenausstattung des 19. Jahrhunderts völlig entfernt wurde. Verloren ist auch die alte »Bschlacht«, die seit über 500 Jahren die Donau zu Stadt und Schloss leitete. Sie wich dem Kanal und der dafür erforderlichen Staustufe bei Kagers, die 1989 in Betrieb ging. Die Fortführung des Rhein-Main-Donau-Kanals bzw. die Art und Weise des Flussausbaus von Straubing bis Vilshofen, seit Jahrzehnten ein Dauerstreitpunkt zwischen Politikern, Naturschützern, Heimatpflegern und Anwohnern, scheint durch eine »sanfte« Variante realisiert zu werden – wobei sich dieses *letzte naturbelassene Stück Donau* durch den seit 2013 vorangetriebenen Hochwasserschutz bereits stark gewandelt hat.

Gewinn durch die Gebietsreform 1972

Die bayerische Gebietsreform des Jahres 1972 brachte für Straubing »eine Erweiterung und Abrundung, die für die Entwicklung der Stadt von größter Bedeutung werden sollte« (Alfons Huber). Es wurden die benachbarten Orte Alburg, Kagers, Ittling, Hornstorf/Sossau und Unterzeitldorn mehr oder weniger freiwillig in die Stadt Straubing eingemeindet. Dank einer parteiübergreifenden Unterschriftenaktion engagierter Bürger konnte die Stadt auch ihre gefährdete Kreisfreiheit bewahren. Straubings Fläche vergrößerte sich von 19,42 Quadratkilometer im Jahr 1970 auf 67,02 Ende 1972, die Einwohnerzahl stieg von 37.879 auf 44.480, die Stadtratssitze erhöhten sich von 32 auf 40. Die Stadt gewann wieder Raum und Luft zur Entfaltung, konnte neue Bau- und Gewerbegebiete ausweisen, den Weg zum »Oberzentrum« im niederbayerischen Raum beschreiten. Inzwischen sind die eingemeindeten Ortschaften mit der Stadt zusammengewachsen, weisen lediglich Pfarr-

HINTERGRUND

WO LÖWEN BRÜLLEN: DER TIERGARTEN IM STADTPARK

Seit 1937/1938 entwickelte sich auf Betreiben des Oberbürgermeisters Josef Reiter im Stadtpark beim »Mooshäusl«, einem beliebten Ausflugsziel der Straubinger, ein öffentlicher Tiergarten. Den Zoo betreute seit 1941 der Löwendompteur Hans Lange, der mit seinen dargebotenen Zirkusnummern die Besucher zusätzlich anlockte. Dass der Tierpark nach Kriegsende überhaupt weiter bestand und sich zu den *bedeutendsten und attraktivsten Freizeiteinrichtungen im ganzen ostbayerischen Raum* mit jährlich über 300.000 Besucher entwickelte, ist dem 1948 gegründeten Verein der Freunde des Tiergartens Straubing und der *leidenschaftlichen Unterstützung der Straubinger* zu verdanken. Denn politisch war der städtische Unterhalt eines Tiergartens umstritten; einige Stadträte belächelten ihn als *Tierpark mit einem schwindsüchtigen Löwen und ein paar Hühnern.*

Heute ist der größte Zoo Ostbayerns Heimat für mehr als 1700 Tiere in 200 Arten, darunter Exoten wie Affen, Tiger, Löwen, Krokodile und Pinguine, aber auch einheimische Wildtiere wie Luchse und Wisente sowie seltene, vom Aussterben bedrohte alte Haustierrassen und Lebewesen aus dem Flusssystem der Donau. Interessante Ausstellungen und Veranstaltungen gibt es im originalgetreu rekonstruierten jungsteinzeitlichen Bauernhaus, im Waldhaus und im »Dannerhaus«. Streichelzoo, Spielplätze, Biergarten, Kiosk, Rast- und Ruheplätze sowie eine Zooschule ergänzen das reiche Unterhaltungs- und Informationsangebot des wissenschaftlich geleiteten Tiergartens.

Postkarte des Tiergartens aus den 1960er-Jahren.

und Schulsprengel – und ein gewisses Identitätsbewusstsein insbesondere der Gäubodenbauern in Ittling und Alburg – auf die getrennte Vergangenheit hin.

Die enge Verbindung mit dem Umland blieb der kreisfreien Stadt als Sitz des Landratsamtes für den neu formierten, großen Landkreis Straubing-Bogen erhalten. Gemeinsam betrieb man nun beispielsweise den Ausbau eines 218 ha großen Industriegebietes in Straubing-Sand mit Anbindung an Donau und Eisenbahn. Der Fall der innerdeutschen Mauer und die Öffnung der Grenzen zum europäischen Osten erhöhten die Attraktivität eines derartigen Industriegeländes, insbesondere für Logistikunternehmen. Man hatte nun auch wieder Platz, um sich für überregional bedeutsame Einrichtungen zu bewerben. 1973, als der Stadtrat dem Bau einer »Sonderanstalt für psychisch kranke Straftäter« zustimmte, gründete sich zwar eine der ersten Bürgerinitiativen in Straubing, um die Institution zu verhindern. Die »Forensische Klinik« wurde aber schließlich 1990 in Lerchenhaid als eine der modernsten deutschen Anstalten des Maßregelvollzugs eingeweiht. Erfolgreicher war der Protest gegen eine Tiefgarage unter dem Stadtplatz, die in Zusammenhang mit der Einrichtung der Fußgängerzone projektiert war. Eröffnet wurde die Fußgängerzone am Stadtplatz mit *südländischem Flair* 1983; sie unterstrich die Bedeutung und den Anspruch Straubings als *Einkaufsstadt, die alles hat*, so der damalige Werbeslogan.

Erfolge und Ereignisse vor der Jahrtausendwende

Bürger waren es auch, die als »Thürmer-Verein« die Sanierung des maroden Stadtturms durchsetzten und ihn seit 1991 wieder begeh- und erlebbar werden ließen. Überhaupt hinterließ das letzte Jahrzehnt des 20. Jahrhunderts im Stadtbild und Stadtleben reiche Spuren, zeugt von einer wirtschaftlich starken, kulturell aktiven, sozial engagierten Stadt. Hierzu gehört bereits das Jahr 1989, als die abgeschlossene Sanierung der Synagoge gefeiert wurde; die Zuwanderung jüdischer Familien aus den GUS-Staaten, vor allem aus Russland und der Ukraine, sicherte dann in den 1990er Jahren das Fortbestehen der nach dem Krieg von entlassenen KZ-Häftlingen wiederbegründeten Jüdischen Gemeinde. Vor allem aber war Straubing in diesem Jahr Gastgeber der Landesgartenschau, die der Stadt ein neues Erholungsgelände rund um den Eisweiher bescherte. Zusammen mit dem nahen Stadtpark und dem beliebten Tiergarten bildet das ehemalige *Laga-Gelände*, nun nach dem früheren bayerischen Umweltminister Alfred Dick benannt, die »grüne Lunge« Straubings.

1992 strömten dann Tausende von Gästen nach Straubing, um die bayerische Landesausstellung »Bauern in Bayern« zu sehen, die sich der Geschichte der Landwirtschaft widmete.

Die Joseph von Fraunhofer Stadthalle, entworfen von Otto Sternecker.

Das Klinikum St. Elisabeth in der Altstadt mit Kloster Azlburg im Vordergrund und der Basilika St. Peter am linken Bildrand – Luftbild, 1998.

Der damals sanierte Rittersaal des gotischen Herzogsschlosses dient seitdem als stimmungsvoller Veranstaltungsraum. Auch die 1996 eingeweihte Joseph von Fraunhofer Stadthalle stärkt Straubings Position als Ort für Tagungen und Messen. Neue, mehr oder weniger gelungene architektonische Akzente setzten im Stadtkern zu Beginn und zu Ende der 1990er Jahre die Geschäftshäuser »Theresientor« und »Steinerthor«. Mit der Einweihung des Donauhafens im Jahr 1996 knüpfte die Stadt an ihre bedeutende Vergangenheit an dieser internationalen Verkehrsstraße an. Der Um- und Neubau des Klinikums St. Elisabeth wurde 1997 vollendet. Das von zwei Ordensfrauen gegründete *gottgefällige Institut* hat sich zum regionalen Zentrum der Krankenpflege entwickelt und ist heute mit über 1500 Beschäftigten, getragen von den Barmherzigen Brüdern, auch der größte Arbeitgeber Straubings. Im selben Jahr würdigte die Deutsche Bundespost das Stadtjubiläum »1100 Jahre erste urkundliche Erwähnung Straubings« sogar mit einer Briefmarke. Dass »frisches Leben in alten Gemäuern« durchaus möglich ist, beweisen unter anderem der mittelalterliche

Weytterturm, der seit 1990 mannigfaltige Kunstausstellungen erlebt, der herzogliche Salzstadel an der Donau, der seit 1999 Sitz der Städtischen Bibliothek und des Stadtarchivs ist, oder der Alte Schlachthof, der sich seit den 1990er Jahren als Kulturzentrum mit Theater, Galerie und einer Schule der Phantasie etabliert hat.

Aber auch eine schmerzhafte Niederlage musste Straubing in dieser Zeit verkraften: Obwohl der Bayerische Ministerrat Straubing, die drittgrößte Stadt Niederbayerns, im Landesentwicklungsprogramm Bayern zum möglichen Oberzentrum bestimmt hatte, erhielt 1992 nicht Straubing, sondern die Kreisstadt Deggendorf eine Fachhochschule. Als »Trostpflaster« bekam Straubing, 1994 zum Oberzentrum ernannt, den Zuschlag für das bayerische Polizeiverwaltungsamt. Die Gründung des Kompetenzzentrums für Nachwachsende Rohstoffe eröffnete Straubing im Jahr 2000 aber dann doch noch den Weg zur Hochschul- bzw. Universitätsstadt: *Straubing hat nun die Chance, sich als Standort für eine Schlüsseltechnologie der Zukunft europaweit zu profilieren,* freute sich Oberbürgermeister Reinhold Perlak.

Auf dem Weg zur »Universitätsstadt«: Straubing im 21. Jahrhundert

Nachhaltiges Straubing

Nachhaltigkeit bzw. *Nachhaltig leben und wachsen* ist das Motto, dem sich Straubing im 21. Jahrhundert verschrieben hat. Das Kompetenzzentrum für Nachwachsende Rohstoffe hat sich als wissenschaftliche Institution mit nationaler Bedeutung und internationaler Ausstrahlung etabliert. Stolz war Straubing daher auf die Verleihung des Titels »Wissenschaftsstadt« im Jahr 2007. Ein Jahr später traten die ersten 15 Studenten den Masterstudiengang »Nachwachsende Rohstoffe« an, jeder mit Handschlag und Sektglas von Oberbürgermeister Markus Pannermayr im Rathaus begrüßt. In enger Kooperation mit dem Kompetenzzentrum wurde 2009 eine Projektgruppe der Fraunhofer-Gesellschaft BioCat gegründet; damit ging ein lang ersehnter Wunsch der Geburtsstadt Fraunhofers in Erfüllung, verbunden mit der Hoffnung, dass ein eigenständiges Fraunhoferinstitut daraus erwächst. Als *Coup des Jahrhunderts* und *epochalen Neubeginn* bezeichneten die Redner dann beim Festakt am 29. September 2017 die Erhebung Straubings zur »Universitätsstadt«. Möglich wurde dies durch den Ausbau und die Umgestaltung des Wissenschaftszentrums, eine der drei Säulen des Kompetenzzentrums für Nachwachsende Rohstoffe, zum »Campus Straubing für Biotechnologie und Nachhaltigkeit« der Technischen Universität München ausgerichtet für über 30 Professuren und 1000 Studienplätze. Erforscht und studiert wird hier der Anbau, die chemisch-stoffliche Nutzung und energetische Verwertung sowie die ökonomische Nutzung und Vermarktung nachwachsender Rohstoffe.

Ein Teil des Kompetenzzentrums für Nachwachsende Rohstoffe in der Altstadt, 2018.

DAS KOMPETENZZENTRUM FÜR NACHWACHSENDE ROHSTOFFE

Das 2000 eröffnete Kompetenzzentrum (KoNaRo) basiert auf den drei Säulen C.A.R.M.E.N. e. V., Wissenschaftszentrum (TUM – Campus Straubing) und Technologie- und Förderzentrum. Hier hat die Bayerische Staatsregierung alle Aktivitäten im Bereich der Grundlagenforschung, der angewandten Forschung und der Marketing- und Netzwerkarbeit rund um nachwachsende Rohstoffe gebündelt. Es hat seinen Sitz in der Altstadt, im ehemaligen Franziskanerkloster und Krankenhaus der Barmherzigen Brüder, erweitert durch Neubauten, und künftig auch im früheren Komplex des Karmelitenklosters in der Neustadt. C.A.R.M.E.N. e. V. dient als »Centrales Agrar-Rohstoff-Marketing- und Entwicklungs-Netzwerk«. Das Technologie- und Förderzentrum, unterstellt dem Bayerischen Staatsministerium für Ernährung, Landwirtschaft und Forsten, widmet sich der Forschung, dem Wissenstransfer und der finanziellen Förderung. Im Wissenschaftszentrum, zugeordnet dem Bayerischen Staatsministerium für Wissenschaft, Forschung und Kunst, arbeiteten zunächst die Technische Universität München, die Hochschule Weihenstephan-Triesdorf, die Universität Regensburg sowie die Hochschulen Deggendorf und Regensburg in Forschung und Lehre zusammen.

Im Juli 2016 beschloss die Bayerische Staatsregierung die Umwandlung in ein integratives Forschungszentrum der Technischen Universität München, das seit Oktober 2017 als »TUM – Campus Straubing für Biotechnologie und Nachhaltigkeit« mit Bachelor- und Masterstudiengängen, u. a. für Nachwachsende Rohstoffe, Chemische Biotechnologie, Bioökonomie oder Biomassentechnologie (in Kooperation mit der Universität für Bodenkultur in Wien) firmiert. Ein »Haus der nachhaltigen Energie und Rohstoffe« (Museum NAWAREUM) ist ab 2019 für die Information der Öffentlichkeit verantwortlich. Die Fraunhofer-Gesellschaft bringt sich mit einem zum Stuttgarter Fraunhoferinstitut für Grenzflächen- und Bioverfahrenstechnik gehörenden Teilinstitut Bio-, Elektro- und Chemokatalyse BioCat und einem Technologiezentrum für thermische und chemische Speicher ein. Der BioCampus und der BioCubator im Industriegebiet Straubing-Sand ergänzen und unterstützen als Ansprechpartner für Unternehmer, die im Bereich nachwachsender Rohstoffe tätig werden wollen, die Tätigkeit des Kompetenzzentrums. Alle Einrichtungen und Aktivitäten zusammen begründen den gemeinsamen Slogan von Stadt und Landkreis Straubing-Bogen: *Region der Nachwachsenden Rohstoffe*.

Dass die Stadt selbst ihr Leitmotiv ernst nimmt, beweist sie in einem für die Versorgung der Einwohner äußerst wichtigen, aber »randständigen«, oft verdrängten Bereich: im weit weg vom Stadtzentrum gelegenen Klärwerk, das inzwischen in Europa Modellcharakter hat. Unter anderem hat Straubing hier *bereits eine Vorreiterrolle im Bereich nachhaltige Energieerzeugung aus Abwasser übernommen.* Nachhaltigkeit spiegelt sich auch in der Sanierung und Nutzung historischer Gebäude sowohl durch die öffentliche Hand als auch durch Privatinvestoren: In der alten Fronfeste an der Stadtmauer wurden beispielsweise Wohnungen geschaffen, das ehemalige städtische Waisenhaus baute die Stadt zum »Sozialen Rathaus« um, das nach Straubing vergebene Polizeipräsidium für Niederbayern zog 2009 in einen Teil der ehemaligen Eskadronkaserne – seitdem fahren übrigens alle Polizeiautos in Niederbayern mit Kennzeichen »SR«. Wiederkehrend sind die Renovierungen der zahlreichen Kirchen

Straubings – Schatz und Last zugleich –, zum Beispiel der gotischen Hallenkirche St. Jakob, die sich seit 2016 wieder als »Gotteshaus von nationalem Rang« (Werner Schäfer) präsentiert. Nichtsdestotrotz knüpft die Erbauung einer neuen Kirche, der Kapelle Johannes von Gott in der Behinderteneinrichtung der Barmherzigen Brüder, im Jahr 2009 an die tiefe – frühere – Verankerung Straubinger Lebens im Glauben an und fügte dem kunstgeschichtlich reichen Reigen Straubinger Kirchen einen »sorgsam gefassten Rubin« (Anke Humpeneder-Graf) hinzu. Weniger nachhaltig war das 1973 vom Bezirk Niederbayern errichtete Hörgeschädigteninstitut (heute Institut für Hören und Sprache), das als nicht sanierbar aufgegeben werden musste und 2009 einen Neubau erhielt.

Straubing war es gelungen, in den letzten Jahrzehnten des 20. Jahrhunderts auf dem Wirtschaftssektor ein gesundes Verhältnis zwischen Industrie, Gewerbe, Handwerk, Groß- und Einzelhandel sowie Dienstleistungsbereich aufzubauen, so dass die konjunkturellen Einbrüche und die Finanzkrise des 21. Jahrhunderts die Stadt nicht ganz so schwer trafen wie vergleichbare Kommunen. Im Jahr 2011 definierte sich Straubing als ein *Wirtschaftsstandort mit breiter Branchenstruktur und besonders starkem Handels- und Dienstleistungssektor*. Auch wenn die Steuerkraft der Einwohner wieder zunimmt – 2016 971 Euro – und die Pro-Kopf-Verschuldung – 2016 1966 Euro – abnimmt, lag die gemeindliche Steuerkraft im selben Jahr noch 28 Prozent unter dem bayerischen Landesdurchschnitt der kreisfreien Städte. Die Stadt investiert weiterhin in Maßnahmen, die für die Grundversorgung der Bürger notwendig sind, wie in eine stete Modernisierung des Kanalnetzes. Sie fördert hierbei im Sinne ihres bisherigen Selbstverständnisses ausgeprägt den Kindergarten- und Schulbereich; Straubing ist, was die Ausstattung mit Kinderkrippen, -gärten und -horten betrifft, vorbildhaft in Bayern. Im Schulwesen reagiert man nicht nur auf die Vorgaben der Politik – zum Beispiel erforderte die Umstellung auf das achtjährige Gymnasium die Errichtung von Mittagsmensen; man initiierte auch erfolgreiche Neugründungen wie die Kommunale Berufsfachschule für biologisch-technische Assistenten oder die Kommunale Fachschule für Floristik, deren herausragender Ruf inzwischen »Meisterlehrlinge« aus dem gesamten deutschen Sprachraum anlockt.

Im Freizeitsektor möchte man vor allem Familien und junge Menschen ansprechen, sei es durch die kostspielige Umgestaltung des sanierungsbedürftigen Hallenbads in ein »Spaßbad«, sei es durch die bessere Erschließung des Donauufers mit neuen Uferpromenaden und einem »Stadtstrand«. Auch die Ausweisung neuer Baugebiete, zum Beispiel im Stadtwesten das »Hochwegfeld« und »Am Kronsteig« oder im Stadtosten der »Stutzwinkel«, sollte und soll vor allem jungen Familien die Chance eines Eigenheims geben. Man hofft auf eine Verjüngung der Stadt: Ende 2017 waren von ca. 48.000 Einwohnern gut 21 Prozent über 65 Jahre alt. Bei der Ausweisung neuen Baulands stößt die Stadt allerdings zunehmend an ihre Grenzen bzw. – wie bei den Neuerschließungen in Kagers und auf der Gstütt-Insel – auf problematische Donauauengebiete. Der Widerstreit zwischen notwendigem neuem Wohnraum und dem Wunsch nach Gewerbeansiedlungen wurde beispielhaft sichtbar an den Plänen für den »Feierabend-Acker« an der Geiselhöringer Straße – von einer vorgesehenen Wohnbebauung über ein reines Gewerbegebiet zu einer »Mischlösung«. Politisch gefordert und gefördert wird außerdem, die Anziehungskraft als Einkaufsstadt wieder zu steigern. Hier gilt es sich nicht nur gegen die Konkurrenz von Deggendorf, Regensburg und Landshut, sondern auch in einer Zeit des durch online-Handel veränderten Kaufverhaltens zu behaupten. Hat man sich vor der Jahrtausendwende noch auf dezentrale Gewerbegebiete konzentriert, unter anderem im Osten den »Erletacker« erschlossen, so geht es nun um die Belebung der Innenstadt, deren Seitengassen zunehmend veröden. Ein Versuch ist das 2008 eröffnete Theresien-Center an der Ecke Stadtgraben/Oberer-Thor-Platz, ein Einkaufszentrum, dem nicht nur die historische Einmündung der Regensburger Straße, sondern vor allem auch die 1930 in expressionistischem Stil erbaute Essigfabrik Poiger weichen musste. Auch die projektierte Erweiterung und Neugestaltung der Fußgängerzone am Theresienplatz soll die *Erlebnisqualität* eines Besuchs des Stadtzentrums erhöhen. Die intensive öffentliche Diskussion um Erhalt oder Wegfall

Am 25. November 2016 brannte das historische Rathaus, es war 1382 von den Bürgern erworben worden.

des historischen Kopfsteinpflasters zeigte hierbei die Verbundenheit der Bürgerschaft mit »ihrem« Stadtplatz. Dies wurde auch deutlich bei der Brandkatastrophe, die am Spätnachmittag des 25. Novembers 2016 das historische Rathaus stark beschädigte, den gotischen Rathaussaal völlig zerstörte. Oberbürgermeister Markus Pannermayr musste die Straubinger, die fassungslos und viele mit Tränen in den Augen vor der Brandruine standen, trösten: *Wir packen das!* Auch einen Tag später galt es Abschied zu nehmen: Die deutsche Ordensprovinz der beschuhten Karmeliten schloss nach 648 Jahren ununterbrochener Präsenz aus Nachwuchsmangel das Straubinger Kloster. Der Protest der Bevölkerung mit der Sammlung von über 10.000 Unterschriften für einen Erhalt führte aber zu einem Neubeginn: Karmeliten der indischen Ordensprovinz St. Thomas in Kerala übernahmen die Seelsorge an der Kirche, der Klosterkomplex dient künftig im Besitz des Freistaates Bayern dem Kompetenzzentrum für Nachwachsende Rohstoffe bzw. der Universität.

Zum Ziel, die historische Neustadt als *lebendiges Zentrum* für Einkauf, Freizeit und Wohnen zu stärken bzw. *neu zu entdecken*, tragen kulturelle »Events« bei: die Figurentheatertage im März, der Jazzbrunch im Juli oder das Blasmusikfestival Bluval im September, der verkaufsoffene Maiabend unter dem Titel »Straubing schlaflos«, die »Schranne«, ein Marktsonntag für Regionalanbieter, der Kunsthandwerkermarkt und der Ökomarkt im September oder der Christkindlmarkt auf dem Theresienplatz im Dezember. Mit der Vielfalt der Veranstaltungen hofft man zudem, Gäste anzulocken. Denn auch wenn Straubing nach wie vor wirtschaftlicher und kultureller Mittelpunkt der Region ist und seinen historisch unvergleichlichen Charakter *einer schönen wolerbawten Bayerischen Statt einer zimblichen grösse*, wie Martin Zeiller 1632 anmerkte, erhalten hat, so liegt die »Sandwichstadt« (Andreas Glas) im Bewusstsein vieler Bayern und auch der meisten Touristen eher im »Abseits« – im »Bermudadreieck« zwischen den wesentlich bekannteren Städten Regensburg, Landshut und Passau. Hier sollen unter anderem Kreuzfahrtschiffe, die seit 2016 Straubing anlaufen, und der lang erkämpfte barrierefreie Ausbau des Bahnhofs Abhilfe schaffen.

Bundesweit bekannt ist Straubing immerhin allen Eishockeyfans, denn seit 2006 spielen die Straubinger »Tigers« in der Deutschen Eishockeyliga mit. Vorbei sind hingegen die Zeiten, als galt, was die »Süddeutsche Zeitung« einmal als die drei Kennzeichen Straubings schlechthin aufzählte: *Sie zeichnet sich aus durch das alljährliche Gäubodenfest, eine Pferderennbahn und eine bedeutende Strafvollzugsanstalt*. Das Volksfest zieht zwar immer mehr Leute an und die Justizvollzugsanstalt erhielt 2013 einen Neubau, in dem alle Sicherungsverwahrten Bayerns laut dem Justizministerium *nachhaltig zur Therapie motiviert* werden sollen. Die Weiterexistenz der Trabrennbahn konnte 2004 aber nur durch die Verkürzung der Bahn und den Verkauf des dadurch frei gewordenen Geländes an einen Bauunternehmer gesichert werden; vom vielfältigen Rennleben des 20. Jahrhunderts ist nicht mehr viel zu spüren. Die Wohngebäude auf der Rennbahn, aber auch auf dem früheren Gelände der Dietl-Brauerei an der Regensburger Straße sind zugleich typisch für eine weitere Entwicklung im 21. Jahrhundert, nämlich die Verdichtung im Innenstadtbereich, die Bebauung »letzter« grüner Flächen, Gärten, Oasen.

Wie sieht die Zukunft aus?

Es wird städtebaulich nicht einfacher werden, den Spagat zu meistern »zwischen Mittelalter und Moderne« (Mathias Ueblacker), zwischen den Erfordernissen der Wirtschaftlichkeit und den historischen Gegebenheiten, auf denen aber gerade Straubings Persönlichkeit beruht. »Nachhaltigkeit« ist ein guter Stern, der im sorgsamen Umgang mit Stadtbild sowie Bau- und Kunstdenkmälern, in der Planung künftiger Bau- und Ansiedlungsprojekte leuchten sollte. Die »Wissenschafts-« bzw. »Universitätsstadt« mit ihrer *profilgebenden Idee* und *Kernkompetenz Nachwachsende Rohstoffe und Erneuerbare Energien*, wie Oberbürgermeister Markus Pannermayr betont, wird, auch im Gefolge der »Energiewende«, weiter gedeihen. So spielt im 2011 von der bayerischen Staatsregierung beschlossenen Energiekonzept »Energie innovativ« Straubing *eine zentrale Rolle* und ist *in Sachen Biomasse erste Wahl*. Die Gründung des »TUM – Campus Straubing für Biotechnologie und Nachhaltigkeit« 2017 war hier wichtiges Bekenntnis und bedeutender Schritt zugleich. Ergänzend kündigte der bayerische Ministerpräsident Dr. Markus Söder im April 2018 in seiner Regierungserklärung für Straubing ein Zentrum an, das umweltfreundlichen Treibstoff für Fahrzeuge, den *Bayern-Sprit*, entwickeln soll. Nicht vergessen darf man hierbei, was in Straubinger Firmen, insbesondere im Maschinenbau, in der Elektrotechnik und im Automotive-Sektor, jetzt und künftig an »Wissenschaft« geleistet und international vertrieben wird; hier gehen Forschung, Entwicklung und Produktion immer mehr Hand in Hand – ganz im Sinne des großen Sohnes Straubings, Joseph von Fraunhofer.

Dem menschlichen Miteinander widmet sich Straubing, bereits 2009 von der Bundesregierung als *Ort der Vielfalt* ausgezeichnet, unter anderem mit seiner Teilnahme am Projekt des

Bundesfamilienministeriums »Toleranz fördern – Kompetenz stärken«, das Ende Oktober 2011 unter dem Motto *Wir sind Straubing* startete. Zu diesem Straubing gehören seit 2015 auch Flüchtlinge und Asylbewerber, vor allem aus Syrien, Afghanistan und Irak, deren Betreuung sich in einem neuem Amt der Stadtverwaltung *für Asyl, Migration und Integration* niederschlug. Über 15 Prozent der Einwohner waren Ende 2017 Ausländer (bayernweit ca. 11,5 Prozent), davon kam die Hälfte aus EU-Staaten. Straubing erfährt also mehr Internationalität, durch Zuzug, Industrie, Seelsorge, Forschung und Lehre. Dies muss sich nicht widersprechen, kann sich im Gegenteil fruchtbar verbinden mit einem Bekenntnis zur Verwurzelung in Niederbayern und zur Zugehörigkeit zu diesem »alten Kulturland im Herzen Mitteleuropas« (Gerald Huber), diesem einmaligen Naturraum mit Fluss, Wald und Gäu. Und mit einem Bekenntnis zur eigenen Geschichte, wie es Straubing 2018 in der achtwöchigen Feier des Jubiläums »800 Jahre Gründung der Neustadt« ablegte: Getreu dem Leitfaden, dass es die Menschen sind, die eine Stadt »ausmachen«, prägen und leben, verzichtete man beim Festakt mit dem bayerischen Ministerpräsidenten auf offizielle Reden; stattdessen begeisterten 30 Kinder mit ihrer Darstellung der Stadtgeschichte und bewiesen, dass Straubing *alt, jung und neugierig* zugleich ist.

Vielleicht ist es genau dieses gelassene Vertrauen auf Herkunft und Zukunft, was eine niedersächsische Urlaubergruppe erspürte, die sich die Mühe machte, an das »Straubinger Tagblatt« einen Leserbrief zu senden mit dem Fazit ihrer Rundreise durch Bayern: *Es muss wahrlich ein Sonntag gewesen sein, als der liebe Herrgott Straubing erschaffen hat. Hier schlägt das bayerische Herz!*

Blick auf die Stadtpfarrkirche St. Jakob

Zeittafel

um 50 000 v. Chr.	Früheste Spuren menschlichen Lebens im Straubinger Raum
um 5600 v. Chr.	Jungsteinzeitliche Siedlungen im Stadtgebiet
um 1800 v. Chr.	Bäuerliche Siedlung in der Bronzezeit (»Straubinger Kultur«)
um 100 v. Chr.	Keltische Siedlung namens »Sorviodurum« im Osten der heutigen Stadt
seit ca. 70 n. Chr.	Kastelle, Hafen und Lagerdörfer der Römer am Ostenfeld/Altstadt
um 500	Frühbairische Siedlungen und Gräberfelder im Stadtgebiet
897	Erste urkundliche Erwähnung Straubings (»Strupinga«), einer durch Wall und Graben geschützten Siedlung (»Altstadt«)
1029	Schenkung des Königsgutes Strupinga an das Augsburger Domkapitel
um 1180	Baubeginn der romanischen Basilika St. Peter
1218	Gründung der »Neustadt« durch den Wittelsbacher Herzog Ludwig den Kelheimer (heutiges Stadtzentrum)
13. Jh.–1802	Regierungssitz für das Viztums- bzw. Rentamt Straubing
13.–19. Jh.	Zentrale Funktion Straubings als Markt- und Schrannenort für Gäuboden und Bayerischen Wald
um 1270/80	Stadtwappen mit Rautenschilden (Herrschaft der Wittelsbacher), Pflug (Gerichtsgemeinde der Bürger) und Lilie (Grundherrschaft des Augsburger Domkapitels)
1316	Baubeginn des Stadtturms als Wachturm vor Feuer und Feind
1353–1425	Selbstständiges Wittelsbacher Herzogtum Bayern-Straubing-Holland
1356	Baubeginn des Herzogsschlosses durch Herzog Albrecht I.
1382	Erwerb des Rathauses
nach 1400	Baubeginn der spätgotischen Hallenkirche St. Jakob
1435	Ertränkung der Agnes Bernauer
1506	Errichtung des Rentamtes und »Regierungsbezirkes« Straubing

1535/1536	Ablösung der Grundherrschaft des Augsburger Domkapitels durch die Herzöge Ludwig X. und Wilhelm IV. und Abtretung der herzoglichen Rechte an die Straubinger Bürgerschaft
1562/1570	Ausweisung protestantischer Bürger in der Gegenreformation
1633–1634	Schwedische Besatzung im Dreißigjährigen Krieg
1704–1714	Österreichische Besatzung im Spanischen Erbfolgekrieg
1736–1741	Bau der Kirche des Ursulinenklosters durch die Brüder Cosmas Damian und Egid Quirin Asam
1743–1745	Österreichische Besatzung im Österreichischen Erbfolgekrieg
1778–1779	Österreichische Besatzung im Bayerischen Erbfolgekrieg
1780	Großer Stadtbrand
1802/1810	Verlust des Regierungssitzes, der städtischen Selbstverwaltung und Gerichtsbarkeit im Zuge der Montgelas'schen Reformen
1812	Erstes Landwirtschaftsfest, heute Gäubodenvolksfest mit Ostbayernschau
1818/1869	Einstufung als »unmittelbare Stadt«, heute kreisfreie Stadt
1859/1860	Eröffnung der Eisenbahnlinien nach München, Regensburg und Passau
um 1900	Gewerbliches Wachstum und starke Bautätigkeit
1920	Aufstand der Bevölkerung gegen das Verbot des Schwarzschlachtens im »Straubinger Metzgerputsch«
1937/1938	Anlage des städtischen Tiergartens im westlichen Stadtpark
1944/1945	Schwere Luftangriffe auf Straubing
nach 1945	Integration der Heimatvertriebenen, Industrialisierung, Ausdehnung der Wohngebiete im Süden und Osten, Weiterentwicklung als Schul- und Einkaufsstadt
1971/1972/1991	Städtepartnerschaften mit Romans sur Isère (Frankreich), Wels (Österreich) und Tuam (Irland)
1972/1976	Eingemeindung von Alburg, Hornstorf/Sossau, Ittling, Kagers und Unterzeitldorn im Zuge der Gebietsreform
1994	Einstufung als Oberzentrum im Landesentwicklungsprogramm Bayern

1996	Eröffnung des Donau-Hafens Straubing-Sand
2000	Gründung des »Kompetenzzentrums für Nachwachsende Rohstoffe«
2009	Errichtung des Polizeipräsidiums Niederbayern
2017	Verleihung des Titels »Universitätsstadt« und Gründung des »TUM – Campus für Biotechnologie und Nachhaltigkeit«
2018	ca. 50.000 Einwohner

Herzöge von Bayern-Straubing-Holland 1353–1425

Söhne von Ludwig IV. und Margaretha von Hennegau-Holland:

Wilhelm I. (1330–1389)
1347/1353–1358 (1389) Regent im Herzogtum

Albrecht I. (1336–1404)
1347/1353–1404 Regent im Herzogtum

Söhne von Albrecht I. und Margaretha von Liegnitz-Brieg:

Wilhelm II. (1365–1417)
1404–1417 Regent in Hennegau, Holland, Seeland und Friesland

Albrecht II. (1368–1397)
1387–1397 Statthalter in Niederbayern

Johann III. (1374–1425)
1389–1418 erwählter Bischof von Lüttich
1397–1404/1418 Statthalter/Regent in Niederbayern
1418–1425 Regent im Herzogtum

Tochter von Wilhelm II. und Margarethe von Burgund:

Jakobäa (1401–1436)
1417–1433 Regentin in Hennegau, Holland, Seeland und Friesland

Stadtoberhäupter seit 1818

1818–1824	Thomas Seiderer
1825–1826	Johann Baptist Brenner
1826–1852	Gottfried Kolb
1853–1874	Joseph Ludwig Leeb
1874–1887	Franz-Xaver Harlander
1888–1916	Franz von Leistner
1916–1929	Josef Maily
1929–1933	Dr. Otto Höchtl
1933–1935	Karl Weiler (NSDAP)
1936–1942	Josef Reiter (NSDAP)
1942–1945	Dr. Otto Höchtl OB i.V.
1945	Andreas Tremmel (parteilos)
1945	Karl Bickleder (parteilos)
1945–1947	Max Gerhaher (CSU)
1947–1948	Hans Ebner (CSU)
1948–1959	Dr. Otto Höchtl (parteilos)
1960–1972	Hermann Stiefvater (SPD)
1972–1990	Ludwig Scherl (CSU)
1990–1996	Fritz Geisperger (SPD)
1996–2008	Reinhold Perlak (SPD)
seit 2008	Markus Pannermayr (CSU)

Die Bürgermeister hießen seit 1818 »rechtskundiger Bürgermeister«, seit 1925 tragen sie den Titel »Oberbürgermeister«.

Literaturhinweise

Hingewiesen sei aufgrund der Fülle an Publikationen lediglich auf die seit 1899 jährlich erscheinenden Jahresberichte des Historischen Vereins für Straubing und Umgebung (mit Beiträgen und Rezensionen), den 2016 erschienenen Stadtführer von Dorit-Maria Krenn und Alfons Huber »Straubing in Niederbayern« und die »Kunstgeschichte der Stadt Straubing« von Werner Schäfer aus dem Jahr 2014. Auf der Homepage des Historischen Vereins www.hv-straubing.de findet sich das Verzeichnis der umfangreichen Vereinsbibliothek mit allen wichtigen Publikationen.

Informationen zur Stadtgeschichte erteilen folgende Institutionen:
Gäubodenmuseum Straubing, Fraunhoferstraße 23, 94315 Straubing, Tel. 09421/944-63212, www.gaeubodenmuseum.de (im Museum ansässig ist auch der Historische Verein für Straubing und Umgebung)
Stadtarchiv Straubing, Rentamtsberg 1 (Salzstadel), 94315 Straubing, Tel. 09421/991951, www.straubing.de

Zitierte Sekundärliteratur

Biegel Gerd: Aufgabe von Geschichtsmuseen in der Gegenwart – Gesellschaftliche Paradigmenwechsel in Kultur und Geschichte, Vortrag (ms. Skript), 2005

Bosl Karl: Straubings bayerische Seele, in: Bosl Karl (Hg.): Straubing, das neue und das alte Gesicht einer Stadt im altbayerischen Kernland, Straubing 1968, S. 13–24

De Boer Dick: Ein Dreieck wird gespannt. Der Weggang Albrechts von Bayern-Straubing in die Niederlande im Licht der Territorienbildung, in: Jahresbericht des Historischen Vereins für Straubing und Umgebung 89 (1987), 33–56

Deutinger Roman: Das Straubinger Simonkastenamt. Beobachtungen zu den Rechnungsbüchern 1536 bis 1806, in: Jahresbericht des Historischen Vereins für Straubing und Umgebung 97. Jg. (1995), Straubing 1996, S. 77–99

Erwert Helmut: Niederbayerische Erfolgsgeschichten. Leitlinien der Industrialisierung und geglückte Existenzgründungen aus Handwerk und Industrie in einer traditionell agrarischen Donauregion, Straubing 2000

Freilinger Hubert: Straubing. Über den geschichtlichen Rang einer jungen alten Stadt, Stuttgart 1991

Glas Andreas: Die Sandwich-Stadt, in: Süddeutsche Zeitung v. 30./31.5.2018

Hartinger Walter: Sossau – das bayerische Loreto, in: 850 Jahre Prämonstratenserabtei Windberg, München/Zürich 1993, S. 134–152

Hartmann Peter Claus: Bayerns Weg in die Gegenwart. Vom Stammesherzogtum zum Freistaat heute, Regensburg 2. überarb. Auflage 2004

Huber Alfons: Historia Collegi Straubingani. Aufzeichnungen des Straubinger Jesuitenkollegs, Straubing 1977 (Straubinger Hefte Nr. 27)

Huber Alfons: 1972, in: Straubinger Tagblatt v. 31.12.1999 (Millenniums-Beilage)

Huber Gerald: Kleine Geschichte Niederbayerns, Regensburg 3. akt. Auflage 2015

Humpeneder-Graf Anke, Umfangen im Karfunkelrund, in: Mario Schoßer Licht Raum. Die künstlerische Gestaltung der Johannes-von-Gott-Kapelle, München 2009, o. S.

Krenn Dorit-Maria / Huber Alfons: Straubing in Niederbayern. Der Stadtführer, Straubing 2. akt. Auflage 2016

Lehner Ulrich: Die »Bavaria Film Straubing«. Eine der ersten Filmfabriken in Deutschland, in: Jahresbericht des Historischen Vereins für Straubing und Umgebung 95. Jg. (1993), Straubing 1994, S. 434–474

Prammer Johannes (Hg.): Gäubodenmuseum Straubing, Museumsführer, Straubing 3. Ausgabe 2010

Rohrmayr Hanns: Häusergeschichte der Stadt Straubing, Straubing 1961

Schäfer Werner: Gotteshäuser von nationaler Bedeutung, in: Straubinger Tagblatt v. 15./19./20.9.2001

Schäfer Werner: Straubing im 14. Jahrhundert, München 2012

Schäfer Werner / Böhm Erwin: Agnes Bernauer – Geschichte. Dichtung. Bild, Straubing 1995

Schäfer Werner/Scharrer Guido/Stickroth Hermann: Sorviodurum Strupinga Straubing, Straubing 1985

Scharrer Guido: Synagoge und jüdisches Leben in Straubing, Straubing 2012

Schmid Alois: Die Wittelsbachische Gründungsstadt Straubing, in: 1100 Jahre Straubing 897–1997, hg. von Alfons Huber/Johannes Prammer, Straubing 1998, S. 83–117

Seethaler Theodor: Straubinger Straßen erinnern an die Geschichte verlorener Heimat, Straubing 2006

Straub Theodor: Das Straubinger Erbe und seine Eingliederung in die Teilherzogtümer (1425–1429), in: Max Spindler/Andreas Kraus (Hg.), Handbuch der bayerischen Geschichte. 2. Band: Das alte Bayern. Der Territorialstaat vom Ausgang des 12. Jahrhunderts bis zum Ausgang des 18. Jahrhunderts, München 2. Auflage 1988, 267–270

Ueblacker Mathias: Zwischen Mittelalter und Moderne. Anmerkungen zur Denkmalpflege in Straubing, in: 1100 Jahre Straubing 897–1997, hg. von Alfons Huber/Johannes Prammer, Straubing 1998, S. 183–231

Wensauser Roland: »Welch düstre Wolken wirbeln sich himmelan?« Der Straubinger Stadtbrand von 1780, ms. Zulassungsarbeit Universität Regensburg 2000

Register

Ortsregister (allgemein)

Ortsregister (Straubing)

Personenregister

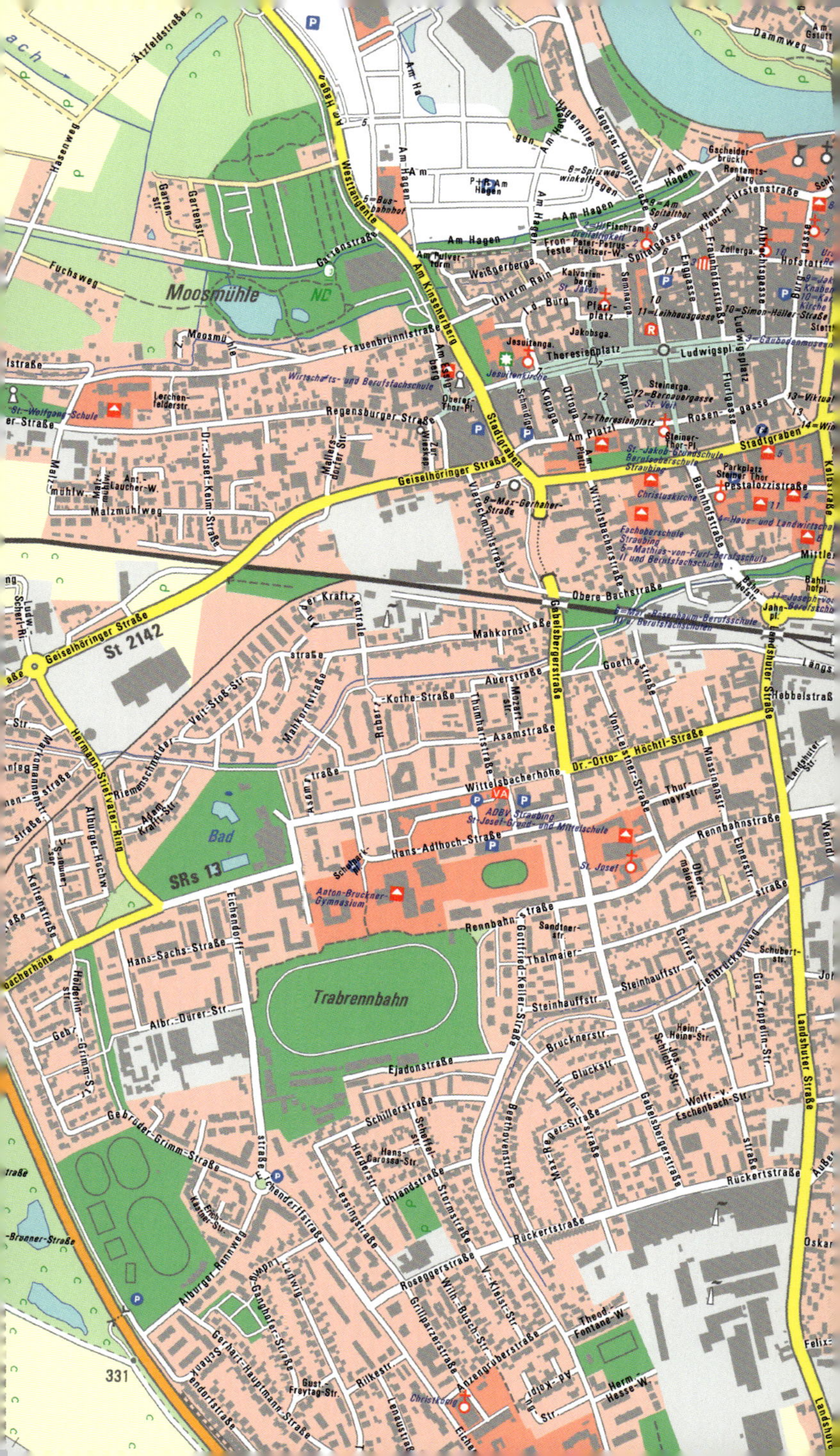

Ätzfeldstraße
Hasenweg
Fuchsweg
Moosmühle
Gartenstraße
Garten-str.
Westtangente
Am Hagen
Am Kinseherberg
Frauenbrünnlstraße
Wirtschafts- und Berufsfachschule
Lerchenfelderstr.
St.-Wolfgang-Schule
Regensburger Straße
Dr.-Josef-Keim-Straße
Mallersdorfer Str.
Malzmühlweg
Geiselhöringer Straße
St 2142
Stadtgraben
Theresienplatz
Ludwigspl.
Jesuitenkirche
Fürstenstraße
Albrechtsgasse
Hofstatt
Zollerga.
Simon-Höller-Straße
Fraunhoferstraße
Steinergasse
Rosengasse
Ludwigsplatz
Pestalozzistraße
St.-Jakob-Grundschule
Christuskirche
Wittelsbacherstraße
Bahnhofstraße
Obere Bachstraße
Mahkornstraße
Gabelsbergerstraße
Goethestraße
Landshuter Straße
Hebbelstraß
Dr.-Otto-Höchtl-Straße
Von-Leistner-Straße
Mussinanstr.
Auerstraße
Robert-Koch-Straße
Thumhartstraße
Asamstraße
Wittelsbacherhöhe
ADBV Straubing
St.-Josef-Grund- und Mittelschule
St. Josef
Rennbahnstraße
Ebnerstr.
Hans-Adlhoch-Straße
Anton-Bruckner-Gymnasium
Bad
SRs 13
Hermann-Stiefvater-Ring
Alburger Hochw.
Kellerstraße
Hans-Sachs-Straße
Eichendorffstraße
Trabrennbahn
Gottfried-Keller-Straße
Thalmaierstr.
Steinhauffstr.
Ziehbrunnenweg
Graf-Zeppelin-Str.
Schubertstr.
Brucknerstr.
Glückstr.
Haydnstraße
Heinr.-Heine-Str.
Jos.-Schlicht-Str.
Wolfr.-v.-Eschenbach-Str.
Rückertstraße
Albr.-Dürer-Str.
Ejadonstraße
Schillerstraße
Herderstr.
Uhlandstraße
Stormstraße
Lessingstraße
Beethovenstraße
Max-Reger-Straße
Gabelsbergerstraße
Gebrüder-Grimm-Straße
Hölderlinstr.
Alburger Rennweg
Roseggerstraße
V.-Kleist-Str.
Grillparzerstraße
Wilh.-Busch-Str.
Anzengruberstraße
Theod.-Fontane-W.
Herm.-Hesse-W.
Rilkestr.
Lenaustraße
Christkönig
Gerhart-Hauptmann-Straße
Gust.-Freytag-Str.
Ludwig-Ganghofer-Straße
331

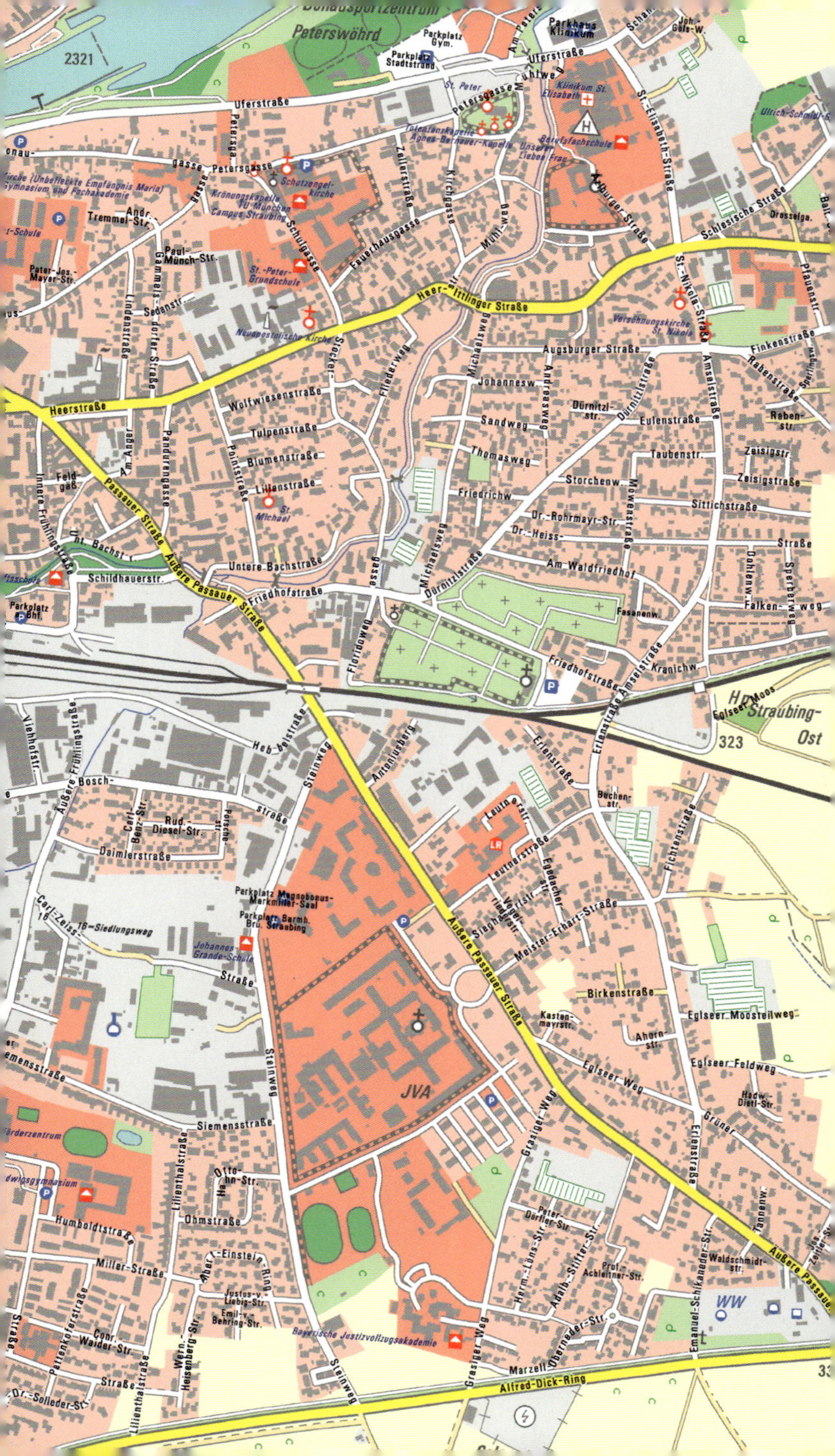

Peterswöhrd
Parkplatz Gym.
Parkplatz Stadtstrand
Parkhaus Klinikum
Uferstraße
St. Peter
Petersgasse
Klinikum St. Elisabeth
Totenkapelle
Agnes-Bernauer-Kapelle
Unserer Lieben Frau
Berufsfachschule
Schützengel-kirche
Krönungskapelle
Campus Straubing
Schulgasse
Zollerstraße
Kirchgasse
Mühlweg
Burggasse
St.-Elisabeth-Straße
Schlesische Straße
Dresselgs.
Ulrich-Schmidl-Str.
Trenmel-Str.
Andr.-
Paul-Münch-Str.
St.-Peter-Grundschule
Feuerhausgasse
Peter-Jos.-Mayer-Str.
Sedanstr.
Lindenstraße
Neuapostolische Kirche
Heerstraße
Ittlinger Straße
St.-Nikola-Straße
Versöhnungskirche St. Nikola
Pfauenstr.
Finkenstraße
Augsburger Straße
Rabenstraße
Raben-str.
Johannesw.
Andreasweg
Dürnitzl-str.
Eulenstraße
Sandweg
Thomasweg
Taubenstr.
Zeisigstr.
Zeisigstraße
Wolfwiesenstraße
Tulpenstraße
Blumenstraße
Lilienstraße
St. Michael
Storchenw.
Sittichstraße
Friedrichw.
Dr.-Rohrmayr-Str.
Dr.-Heiss-
Möwenstraße
Amselstraße
Straße
Dohlenw.
Sperberweg
Am Waldfriedhof
Fasanenw.
Falken-weg
Kranichw.
Pandurengasse
Am Anger
Feld-gaß.
Innere Frühlingsstraße
Passauer Straße
Äußere Passauer Straße
Unt. Bachst
Untere Bachstraße
Friedhofstraße
Schildhauerstr.
Parkplatz Bhf.
Floridaweg
Michaelsweg
Dürnitzlstraße
Friedhofstraße
Erlenstraße
Hp Straubing-Ost
Eglseer Moos
323
Viehhofstr.
Äußere Frühlingstraße
Hebbelstraße
Steinweg
Antoniusberg
Bosch-
straße
Carl-Benz-Str.
Rud.-Diesel-Str.
Porsche
Daimlerstraße
Lautnerstr.
Leutnerstraße
Egedacher-str.
Buchen-str.
Fichtenstraße
Parkplatz Magnobonus-Merkmiller-Saal
Parkplatz Barmh. Brü. Straubing
Carl-Zeiss-
Siedlungsweg
Johannes-Grande-Schule
Straße
Meister-Erhart-Straße
Birkenstraße
Kasten-mayrstr.
Ahorn-str.
Eglseer Moosteilweg
Siemensstraße
JVA
Eglseer Weg
Eglseer Feldweg
Hedw.-Dietl-Str.
Grüner
Grasiger Weg
Förderzentrum
Ludwigsgymnasium
Otto-Hahn-Str.
Lilienthalstraße
Humboldtstraße
Ohmstraße
Miller-Straße
Albert-Einstein-Ring
Justus-v.-Liebig-Str.
Emil-v.-Behring-Str.
Peter-Dörfler-Str.
Herm.-Löns-Str.
Adalb.-Stifter-Str.
Prof.-Achleitner-Str.
Waldschmidtstr.
Emanuel-Schikaneder-Str.
Tannenw.
WW
Pettenkoferstraße
Conr.-Waider-Str.
Wern.-Heisenberg-Str.
Bayerische Justizvollzugsakademie
Oberneder-Str.
Marzell-
Straße
Dr.-Solleder-Str.
Alfred-Dick-Ring
Äußere Passauer

Bildnachweis

Amt für Stadtplanung und Stadtentwicklung Straubing: 36/37 (Foto Hajo Dietz)
Ausstellungs- und VeranstaltungsGmbH Straubing: 142 (Foto Manfred Bernhard)
Bayerisches Hauptstaatsarchiv München: 53 (Plansammlung 2127), 59 (Plansammlung 5739)
Fotolia: 154/155 (katcya_design)
Gäubodenmuseum Straubing: 13, 16, 21, 24, 55, 61, 87
Krenn Dorit-Maria: 45
Landesamt für Vermessung und Geoinformation: 93
Moosbauer Günther, Kastell und Friedhofe der Spätantike in Straubing, Rahden 2005, S. 5: 18
Privatbesitz Straubing: 67
Scharrer Ulli: 150
Stadtarchiv Straubing: 33, 48, 64, 76, 77, 83, 84, 89, 146 (Fotos Peter Schwarz); 41 (Urkundensammlung Nr. 212); 98, 103, 110, 113, 117, 141 (Postkartensammlung); 124 (Sammlung Varia 1); 143 (Allgemeine Fotosammlung); 129 (Foto Helene Brenner); 11, 133, 137 (Fotos Bruno Mooser); 126 (Fotosammlung Günter Storch)
Tourismus-Info Straubing: 29, 51 (Fotos Manfred Bernhard)
Stadtplanausschnitt: Geobasisdaten: Bayerische Vermessungsverwaltung Nr. 2/19
Umschlagmotive: vorne: Theresienplatz Schranne, Franz Merz, 1821 (Privatbesitz); hinten: Blick vom Theresienplatz in die Jakobsgasse (Stadtarchiv Straubing, Foto Peter Schwarz)

50 historische
Wirtshäuser
in Niederbayern
Verlag Friedrich Pustet • Dr. Peter Morsbach Verlag